Claudia Filker
Andrea Specht

Welt
BEWEGERINNEN

40 starke Frauen
und ihre Geschichte

© 2021 Brunnen Verlag GmbH Gießen
www.brunnen-verlag.de
Umschlaggestaltung: Daniela Sprenger
Satz: DTP Brunnen
Druck: Finidr
ISBN Buch 978-3-7655-0758-8
ISBN E-book 978-3-7655-7587-7

Inhalt

Frauen können die Welt bewegen! 5

Über Grenzen gehen
Margarete Steiff 9
Hetty Overeem 13
Lilias Trotter 17
Katherine Johnson 21
Jackie Pullinger 25

Im Namen der Gerechtigkeit
Juliane von Krüdener 31
Gil Won-Ok 35
Malala Yousafzai 39
Antoinette Brown Blackwell 43
Pandita Ramabai 47

Mit dem Mut des Herzens
Magda Trocmé 53
Katie Davis Majors 57
Gertrud Kurz 61
Maria von Wedemeyer 65
Heidi Baker 69
Lisa Misraje Bentley 73
Sophie Scholl 77

Lebenswende
Friederike Garbe 83
Heike Bausch 87
Eva-Maria Admiral 91
Helma Bielfeldt 95
Soheila Fors 99

Ausgezeichnet
Helen Keller 105
Isabel und Melati Wijsen 109
Anna Nitschmann 113
Selma Lagerlöf 117
Else Beitz 121
Florence Nightingale 125
Wangari Maathai 129

Vergeben heißt nicht vergessen
Asia Bibi 135
Jeanne Bishop 139
Kim Phuc Phan Thi 143
Alice Herz-Sommer 147

Weil jeder Mensch wertvoll ist
Inge Kimmerle 153
Christine Bronner 157
Ruth Pfau 161
Hannah Brencher 165
Lea Ackermann 169
Carolin Neufeld 173
Cicely Saunders 177

Literaturhinweise 181

Frauen können die Welt bewegen!

Seit mehr als zehn Jahren beschäftige ich mich nun schon intensiv mit den Lebensgeschichten unterschiedlicher Frauen. Frauen, die große Bekanntheit erlangt und Auszeichnungen erhalten haben. Frauen, die es bis in die Geschichtsbücher geschafft haben oder in die modernen Nachrichten – und Frauen, die eher unbekannt geblieben sind. Allen ist gemeinsam: Sie haben etwas bewältigt oder bewegt. Haben Grenzen überwunden und ihr Herz weit geöffnet. Waren mutig, haben Neues gedacht und gewagt.

Ihre spannenden Lebensgeschichten, die ich hier zusammen mit Andrea Specht nacherzähle, erscheinen nun schon seit 2011 im „FrauenTaschenKalender". Zwölf Frauen werden in jedem Jahr vorgestellt, jeden Monat eine. Vielleicht gehört dieser besondere Taschenkalender schon lange zu Ihnen, vielleicht machen die „Weltbewegerinnen" Sie auch auf ihn neugierig.

Wenn ich mich in den vergangenen Jahren hineinlas in die Lebensgeschichten der Frauen, die uns vorangegangen sind, manchmal viele Jahrhunderte vor uns gelebt haben, war ich oft erschüttert, empört, ja, fassungslos, wie hart der Weg für die Frauen war. Kaum zu fassen, wie lange sie von den Universitäten ferngehalten wurden oder nicht auf die Kanzel durften, ja, als Mädchen noch nicht einmal die Erlaubnis hatten, lesen und schreiben zu lernen. Mit viel Einsatz haben sie die Freiheit erkämpft, die mir, meinen Töchtern, meinen Enkeltöchtern wie selbstverständlich in die Wiege gelegt wurde: die Gaben und Möglichkeiten zu leben, die unser Schöpfer in uns hineingelegt hat.

Ich gestehe gern: Die Beschäftigung mit diesen Frauen hat mich verändert, sie hat meinen Blick neu geschärft für den Kampf der Frauen um Bildung, Mitspracherecht, später Wahlrecht und Gleichberechtigung. Es begeistert mich bis heute, was diese mutigen Frauen erreicht haben. Oft waren sie noch sehr jung. Manchmal vermeintlich zu alt. Fast immer brauchten sie einen sehr langen Atem.

Sie halten also echte Inspirationsgeschichten in Ihren Händen – 40 Frauenporträts in der bewährten Vielfalt. Viel Freude an der Lektüre!

Ihre Claudia Filker
mit Andrea Specht

ÜBER GRENZEN GEHEN

Margarete Steiff

Eine geniale Geschäftsfrau mit Handicap

Vier Tage bangen die Eltern der kleinen Margarete um ihr Leben. Was für eine Erleichterung, als das Fieber endlich sinkt! Aber die Kraft kehrt nicht wieder in Margaretes Körper zurück. Die Beine und der linke Arm gehorchen ihr nicht mehr. Jahre später diagnostizieren Ärzte bei ihr Kinderlähmung. Im Leiterwagen wird sie durch den Ort gezogen, auf eine Decke gesetzt, von wo sie sehnsüchtig die anderen Kinder beim Spiel beobachtet. Wird sie ihr ganzes Leben lang auf die Hilfe anderer angewiesen sein?

Aber die besorgten Eltern unterschätzen die Durchsetzungskraft ihrer Tochter. Margarete beeindruckt durch ihr Selbstbewusstsein. Und sie schaut nicht auf das, was sie nicht kann, sondern auf das, was sie kann. Als „Inklusion" noch ein unbekanntes Fremdwort ist, drängt sie zielstrebig darauf, die Schule der gesunden Kinder zu besuchen. Von vielen Händen getragen und geschoben glänzt sie dort mit überdurchschnittlichen Leistungen. Natürlich setzt sie wie so oft ihren Kopf durch und besucht später die Nähschule. Gegen den erklärten Willen des Vaters, der sie vor der Enttäuschung bewahren will, den Anforderungen nicht gewachsen zu sein. Trotz ihres schweren Handicaps lernt sie hervorragend Schneidern. Und wer kauft die erste Nähmaschine am Ort? Natürlich Margarete, denn wenn sie etwas ganz besonders ausgeprägt besitzt, dann ist es ein tüchtiger Geschäftssinn. Und sie hat Visionen. Denkt groß. „Geht nicht" gibt's nicht.

1877 gründet sie eine Schneiderei unter dem elterlichen Dach. Bald hat sie eine angestellte Näherin und ist spezialisiert auf Kinder- und Damenbekleidung. „Konfektionsware" heißt das neue Zauberwort. Sie ersetzt teure maßgeschneiderte Kleidung.

Manchmal braucht man zum ganz großen Erfolg auch eine ordentliche Portion Glück. Margarete Steiffs großer geschäftlicher Durchbruch kommt, als sie schon einen florierenden Familienbetrieb führt. Der Verkaufsschlager sind Nadelkissen in Tierform, die sich als beliebte Spielzeuge herausstellen. Elefanten sind der Knüller. Schon bald sind die niedlichen Tiere als Spielzeuge beliebt, denn weiches Spielzeug war bis dahin unbekannt.

Margarete nutzt bald wieder eine neue Idee: Sie betreibt einen Versandhandel. 1902 ist Teddys Geburtsstunde. Ihr kreativer Neffe Richard entwickelt einen Stoffbären mit beweglichen Armen und Beinen aus besonders flauschigem Plüsch. Etwas ganz Neues! Auf der Leipziger Messe soll der kleine Bär bekannt gemacht werden. Was für ein Glück: Er findet auch den Weg über den Atlantik und wird dort zum durchschlagenden Erfolg. Der kleine Bär erobert sogar das Herz des amerikanischen Präsidenten „Teddy" Roosevelt. Das ist der Startschuss einer unglaublichen Teddykarriere.

Das Unternehmen wächst und Margarete bleibt mittendrin. Fährt jeden Tag im Rollstuhl durch die lichtdurchfluteten Fabrikhallen. Ihre warmherzige, freundliche Art motiviert die Mitarbeiterinnen und hält auch in schwierigen Zeiten das riesige Familienunternehmen zusammen. Vielleicht ist ein Geheimnis ihres Lebens nicht der Knopf im Ohr, der die Qualität ihrer Plüschtiere und somit den Firmenerfolg schützen soll, sondern ihr Konfirmationsspruch: „Lass dir an meiner Gnade genügen, denn meine Kraft ist in den Schwachen mächtig."

Eine Zusage, mit der Margarete oft hadert und die sie gleichzeitig hält. (CF)

Margarete Steiff,

1847–1909, baute trotz ihrer Behinderung ein Unternehmen von Weltrang auf.

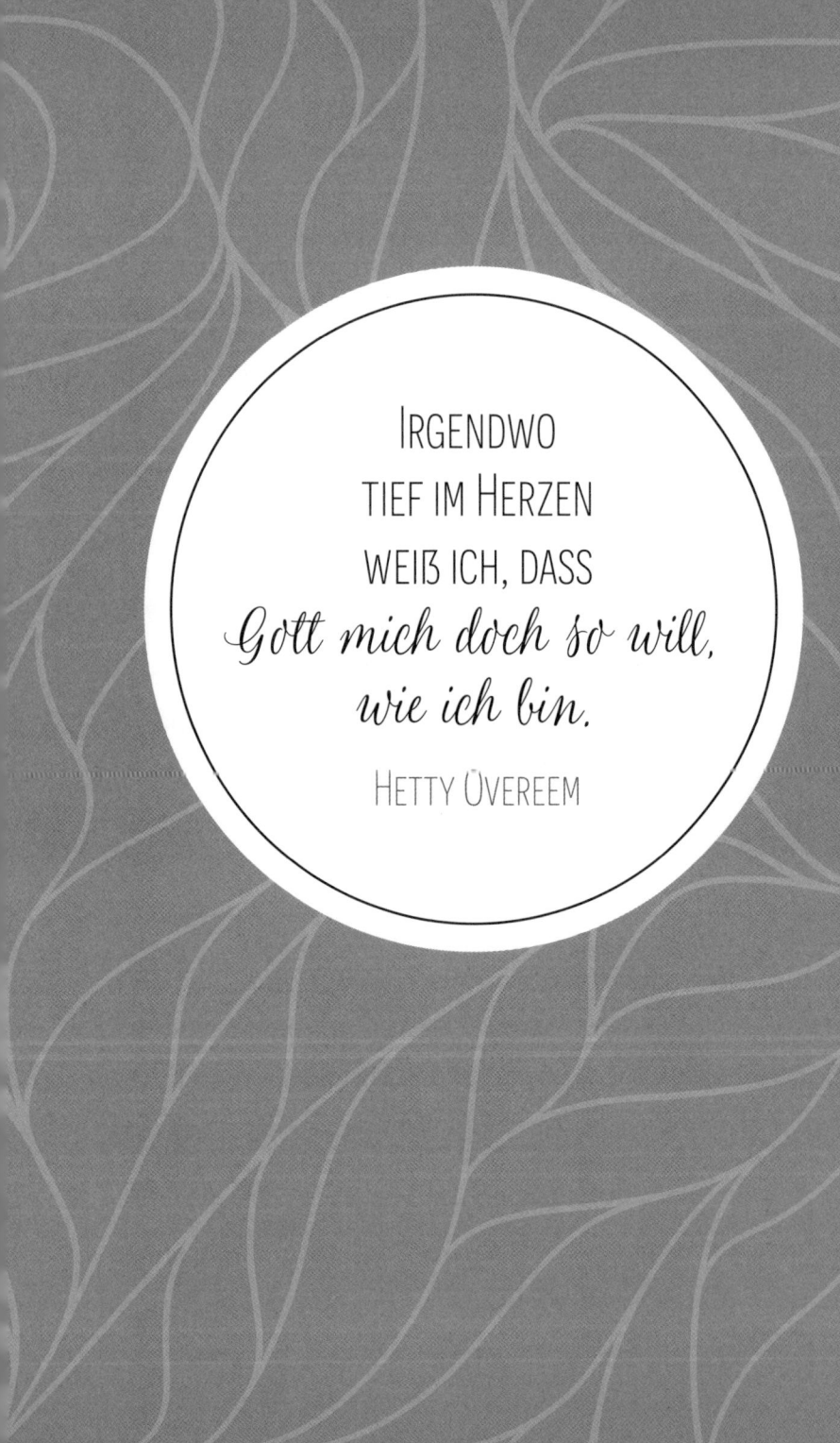

Irgendwo tief im Herzen weiß ich, dass Gott mich doch so will, wie ich bin.

Hetty Üvereem

Hetty Overeem

Die Wanderpfarrerin

„Wissen Sie … ich bin völlig vom Hocker. Ich habe so lange nichts mehr mit Gott zu tun gehabt. Und nun, hier, plötzlich sind Sie da. Aber so anders. So einfach. Nur da. Nur mit einem Esel. Nur Kaffee machen und was reden und sonst nichts … Das haut mich um. Wenn Gott so ist … Ja, dann sollte ich mich vielleicht doch mal wieder an ihn wenden." Während die junge Frau so zu der Pfarrerin in Treckinghose und Wanderschuhen spricht, krault sie die langen Eselsohren. „Und – wie schnell läuft der Esel?" „Zwei Kilometer pro Stunde Spitzenleistung."

Wie oft hat Hetty Overeem diese Antwort in den vergangenen drei Jahren schon gegeben, seit sie mit Esel Speedy und Hund Barou durch die Schweiz wandert? Das ungewöhnliche Dreiergespann „on tour" ist überall ein Hingucker.

Das mit dem „Geht in alle Welt" hat Hetty Overeem ganz wörtlich genommen: Geht – nicht fahrt! Die Wanderpfarrerin ist so gemächlich unterwegs, dass andere sich für ein oder zwei Kilometer auch mal dazugesellen können. Ein Stück des Weges mitlaufen.

Ihr Tipi baut Hetty überall dort auf, wo sie mit Esel und Hund hinkommt. „Kirche kommt zu dir. So wie Jesus zu dir kommen will." So oder so ähnlich sagt es die Pfarrerin schon mal zu einem Menschen, der sich in ihr Tipi locken lässt. Manchmal reicht sie auch „nur" einen Kaffee, den sie auf dem Gaskocher kocht, oder lädt zu einem Käsefondue ein.

Es gibt Tage, da platzt das Tipi aus allen Nähten, manchmal sitzen da nur zwei Menschen, wenn die Pfarrerin eine Andacht hält. Lieder, Gebete, uralte Texte von den Wüstenvätern, besondere Texte, die Hetty in Ägypten entdeckt hat. Die Wanderpfarrerin erlebt mit ihnen immer wieder Erstaunliches: dass sie auf eigentümliche Weise dem Menschen von heute ins Herz sprechen.

Manchmal sagen die Leute: „In die Kirche will ich nicht, aber über Gott reden, das will ich. Jetzt mit Ihnen." Lange hatte sie als „normale" Pfarrerin in Lausanne gearbeitet. Dann hat's „gekribbelt im Bauch" und sie beschloss aufzubrechen und sich auf diesen ungewöhnlichen Weg zu machen. Ihre provokante Botschaft: Jesus ruft uns heraus, aus dem Luxus, der Kontrolle, dem Komfort, den Gottesbildern, die uns wegbringen von ihm.

Und es funktioniert: Im Tipi ist kein Amt zwischen ihr und den Leuten. Hier fühlt Hetty sich auf eigentümliche Weise den Menschen näher. Wenn Unbekannte ihr Zelt betreten, bringen sie manchmal einen tiefen Schmerz mit. Zuhören ist Hettys erste Aufgabe, aber auch Fragen stellen. Hetty vertraut auf Gottes Geist, der auch ihre Worte gebrauchen möchte.

Im Winter bewohnt die Pfarrerin in der Metrostation Lausanne eine kleine Hütte, an der Leute rastlos vorbeihasten. Aber auch hier bleibt Hetty Hetty: isst, singt, betet, hört zu, fragt nach. Ist wach für Gottes Inspiration. Und spricht in die Herzen der Menschen.

Durch ihre eigenen Fragen und Ungewissheiten ist die

Pfarrerin ganz nah bei denen, die sie in ihrem Tipi, in ihrer Hütte besuchen. Mit ihren Zweifeln im Gepäck. (CF)

Hetty Overeem,
geb. 1956, ist eine niederländische
evangelische Theologin und Autorin.

> NIMM DAS ALLERSCHWIERIGSTE IN DEINEM LEBEN UND ERWARTE, DASS GOTT DORT GLORREICH TRIUMPHIERT. GENAU DORT *kann er deine Seele zum Blühen bringen!*
>
> — LILIAS TROTTER

Lilias Trotter

Gottes Reich an erster Stelle

Sie hätte eine der größten lebenden Künstlerinnen ihrer Zeit in England werden können. Ihr Talent stimmte sogar den harschen Kunstkritiker John Ruskin um, der bis dahin davon überzeugt war, Frauen könnten nur liebliche und minderwertige Kunst vollbringen. Doch als er die „ungeschulten" Zeichnungen von Lilias Trotter zu Gesicht bekommt, ist er von der umwerfenden Gabe gefesselt, die in der 25-Jährigen schlummert.

Ruskin möchte Lilias als Mentor fördern, unterrichten und zu Bekanntheit bringen. Der Preis ist für Lilias hoch: Sie muss sich für die Kunst aufgeben. Nach schwerem innerem Kampf entscheidet sich die junge Frau gegen die reizvolle Perspektive, ihr Potenzial zur vollen Entfaltung zu bringen. Sie will kompromisslos für Gott und sein Reich leben.

Wohlhabend im viktorianischen London aufgewachsen, engagiert sie sich bereits als junge Frau – wie viele Töchter aus höherem Haus – für wohltätige Zwecke. Stark geprägt durch geistliche Bewegungen und Aufbrüche wie die Keswick-Konferenzen und die Evangelisationen Dwight L. Moodys, ist ihr Glaube von völliger Hingabe an Gott und den Dienst am Nächsten geprägt. Bei ihrem Einsatz für Arbeiterinnen und Prostituierte fühlt sie sich in ihrem Element.

Bis sie mit 34 Jahren bei einer Missionskonferenz klar Gottes Ruf nach Algerien hört. Doch aufgrund ihrer schlechten Gesundheit nimmt keine Missionsorganisation Trotter an. So macht sie sich mit zwei anderen Frauen auf eigene Faust auf den Weg.

In Algier angekommen, kennen die drei Engländerinnen keine Menschenseele, sprechen kein Wort Arabisch und wissen auch nicht, wo sie beginnen sollen. Ganz auf Gott geworfen, beten sie, studieren eifrig die Landessprache und knüpfen erste Kontakte. Bald ziehen sie aus dem französischen Quartier, in dem sonst alle Europäer wohnen, in das enge, von Leben überfließende arabische Viertel und laden zu verschiedenen Treffen ein. Erste Muslime vertrauen ihr Leben Jesus an, mehr Mitarbeiter kommen hinzu.

Doch Lilias spürt ein Drängen, Gottes Licht dorthin zu bringen, wo es noch keine Missionsarbeit gibt. Unerschrocken machen sich die Frauen auf lange, teils lebensbedrohliche Reisen in die Sahara – unter sengender Hitze, auf Kamelen und in Zelten campierend. Lilias und ihre Begleiterinnen erobern die Herzen der Wüstenbewohner, die Menschen sehnen sich nach mehr Literatur, bitten die Frauen, bei ihnen sesshaft zu werden und ihnen mehr zu erzählen von dieser wunderbaren Erlösung.

Am Ende ihrer 40-jährigen Hingabe an die Menschen in Algerien ist die Arbeit auf 30 Mitarbeiter gewachsen und ganze 13 Missionsstationen sind in noch „unerreichten" Wüstenregionen etabliert. Die unter Lilias' Leitung 1907 gegründete Missionsgesellschaft „Algiers Mission Band" hat in ihrem Vorgehen und ihrer gelebten Liebe für die Araber einen kulturintegrativen Ansatz bewiesen, der seiner Zeit weit voraus war:

Unter anderem gab es ein arabisches Café, in dem christliche Veranstaltungen stattfanden, von Trommeln begleitete, rezitativisch vorgetragene Bibellesungen, illustrierte Karten mit kalligrafierten Bibelversen auf Arabisch, Stickkurse für Mädchen und andere Angebote, die Zugang zu den Herzen und Traditionen der arabischen Muslime fanden.

Bis heute orientieren sich Programme und missionarische Kurse an den innovativen Ansätzen von Lilias Trotter. (AS)

Isabelle Lilias Trotter,
1853–1928, Missionspionierin unter den Muslimen Algeriens, Künstlerin und Verfasserin illustrierter Andachtsbücher.

Liebe,
was du tust,
DANN WIRST DU ES
GUT MACHEN.

KATHERINE JOHNSON

Katherine Johnson

Über Begrenzungen hinweg

Die neuen Rechenmonster, diese riesigen, Hallen füllenden IBM-Computer, waren den amerikanischen Astronauten der NASA nicht ganz geheuer. Keinesfalls wollten sie ihnen allein ihr Leben anvertrauen. Zu anfällig waren die Maschinen für Stromausfälle oder andere Störungen. Zwar waren die Computer für die bemannte Umrundung der Erde mit jeder notwendigen Gleichung programmiert worden. Doch der Astronaut John Glenn, der den Flug bestreiten sollte, beharrte: „Get the girl" – „lasst das Mädchen holen".

Mit dem „Mädchen" meinte er niemand anderes als Katherine Johnson, immerhin schon Anfang vierzig. Die Afroamerikanerin hatte sich in den vergangenen Jahren bei der NASA als erstklassige Mathematikerin bewährt. Sie sollte alle Ergebnisse der Computer nachrechnen. „Nur wenn sie sagt, dass sie stimmen, bin ich bereit zu fliegen", beharrte der Astronaut. Katherine rechnete – und die NASA-Mission wurde schließlich ein großer Erfolg.

Schon als junges Mädchen zeigte sich Katherines außergewöhnliche mathematische Begabung. Alles zählte und rechnete sie, beeindruckte die Lehrer mit ihrem Wissensdurst und ihrer schnellen Auffassungsgabe. Zwei Klassen übersprang sie und schloss bereits mit 18 Jahren das College mit höchster Auszeichnung ab. Die 1918 geborene Afroamerikanerin war von Mentoren, die ihr außergewöhnliches Talent sahen, früh darin bestärkt worden, in die Forschung zu gehen – obwohl das für Frauen, noch dazu schwarze, in dieser Zeit in den USA noch Zukunftsmusik war.

1953 ließen sich erste sanfte Töne davon vernehmen: Katherine wurde Rechnerin in der rein aus Afroamerikanerinnen bestehenden „West Area Computing Unit", einem Teil der NACA, die später zur amerikanischen Raumfahrtbehörde NASA wurde. Die „Computer in Röcken", wie Katherine ihre Abteilung scherzhaft nannte, mussten unter anderem Daten aus Experimenten berechnen und grafisch darstellen.

Bereits zwei Wochen nach ihrem Arbeitsantritt wurde die Mathematikerin vorübergehend in die Abteilung für Flugforschung „ausgeliehen", doch sie kehrte nie wieder zu ihren „Röcken" zurück. Bald hatte sie sich in der rein aus weißen Männern bestehenden Abteilung einen Ruf als hervorragende Rechnerin erarbeitet, stellte selbstbewusst Fragen und eroberte sich Zutritt zu den Besprechungen, zu denen normalerweise keine Frauen zugelassen waren. Doch sie beharrte – schließlich mache sie doch die Berechnungen! Mit derselben Entschiedenheit brachte sie es zur ersten Frau dieser Abteilung, die je in einer wissenschaftlichen Veröffentlichung offiziell als Mitautorin genannt wurde.

Katherine Johnsons Berechnungen ermöglichten 1961 den Erfolg des zweiten bemannten Flugs in der Geschichte der Raumfahrt mit Alan Shepard als Pilot; durch die korrekt berechnete Umlaufbahn für die Apollo 11 trug sie außerdem zur geglückten Mondlandung 1969 bei.

Ihrer großartigen Arbeit wurde viele Jahre kaum Aufmerksamkeit geschenkt – ebenso wie der vieler anderer schwarzer Mathematikerinnen. Das änderte sich erst zur Jahrtausendwende durch verschiedene Ehrendoktorwürden. 2015 wurde Katherine Johnson von Barack Obama mit der *Presidential Medal of Freedom* geehrt, einer der höchsten zivilen Auszeichnungen der USA.

Die Naturwissenschaftlerin starb am 24. Februar 2020 im Alter von 101 Jahren. (AS)

Katherine Johnson,
1918–2020, preisgekrönte US-amerikanische Mathematikerin.

Das Gegenteil von Geduld ist nicht Ungeduld, sondern Unglaube.

Jackie Pullinger

Jackie Pullinger

Hongkong liegt in Afrika?

Jackie ist überrascht, als sie im Traum die Landkarte des afrikanischen Kontinents sieht, von wo ihr plötzlich Hongkong entgegenstrahlt. Ob hier Gott im Traum zu ihr spricht?

Schon als kleines Mädchen weiß Jackie Pullinger, dass sie Missionarin werden will. Da Missionare doch immer nach Afrika ausreisen, bewirbt sie sich also als junge Musikhochschulabsolventin bei verschiedenen Firmen und Schulen, die in Afrika tätig sind. Doch keiner will sie. Von Gott hört sie nur: „Geh!", aber sie weiß lange nicht, wohin.

Schließlich hat sie den Traum von Hongkong und beginnt begeistert, sich in der asiatischen Metropole zu bewerben. Doch auch hier erntet sie nur Absagen. Ein Pastor fordert sie heraus, einfach loszugehen und das Schiffsticket für die längste Reise zu kaufen, die es gibt, und in jedem Hafen zu beten, ob Gott sie an diesem Ort haben möchte.

So schifft sich die 22-Jährige tatsächlich ein und läuft in einem Hafen nach dem anderen ein – doch alle erscheinen ihr nichtssagend und eintönig. Als sie Hongkong erreicht, durchflutet die junge Engländerin ein tiefer Friede und sie weiß, dass Gott sie hier haben will.

1966 kommt Jackie Pullinger in der „Perle des Orients" an, fast mittellos, ohne jegliche Kontakte oder Ideen, wo sie

Gott dienen soll. Doch schon wenige Tage später betritt sie die sogenannte ummauerte Stadt – einen verruchten, von vielen gemiedenen gesetzlosen Stadtteil, in dem Triadenbanden herrschen und sich bekämpfen, wo Opiumhöhlen florieren und Bordelle, Spielhöllen und Pornokinos die engen, stinkenden Gassen säumen.

Zahlreiche von Gewalt, Drogen und Härte gezeichnete Menschen fristen in diesem Slum ein hoffnungsloses Dasein. Genau hier verliert Jackie ihr Herz an die perspektivlosen Jugendlichen und Drogenabhängigen. Ihnen möchte sie die Liebe Jesu bringen, die Gute Nachricht, dass sie befreit werden und ein neues Leben beginnen können.

Auch wenn sie anfangs viel Unverständnis und Misstrauen erntet, ist Jackie einfach für sie da, liebt, baut Vertrauen auf. Die Missionarin eröffnet auf eigene Faust einen Jugendklub, schenkt den jungen Leuten ein paar Stunden unbeschwerte Freizeit, besucht die Teens zu Hause, spricht mit ihnen, betet für sie und die Familien. Heilungen geschehen und Menschen finden zu Jesus. Das wenige, was Jackie an Geld und Lebensmitteln hat, teilt sie mit ihnen.

Allmählich vertraut sich auch manch verzweifelter Opium- oder Heroinabhängige „Miss Poon" an. Denn was sie beeindruckt, ist, dass die Westlerin bleibt. Trotz aller Gefahren und Bedrohungen. Sie stampft nicht nur ein kurzlebiges Programm aus dem Boden wie manche vor ihr und verschwindet nach wenigen Monaten wieder. Sondern die Christin bleibt und lebt eine aufrichtige Hingabe, verzichtet auf jeden Komfort und ist Tag und Nacht für die Menschen, die sie brauchen, erreichbar.

Bald erleben schwer Drogenabhängige eine erstaunliche Befreiung von Drogen und Erneuerung durch Gebet. Als immer mehr Süchtige frei werden, braucht es einen Ort, an dem sie ein Leben ohne Heroin oder Opium einüben und festigen können. Jackie mietet ein Haus in der ummauerten Stadt und lebt dort mit vielen der Freigewordenen nach einem geregelten Tagesablauf. Als es mehr werden, unterstützen Freunde zeitweise mit Wohnraum. Weitere Häuser werden angemietet und schließlich gründet Jackie 1981 die *St. Stephen Society*, unter deren Dach verschiedene Rehabilitationszentren gegründet werden.

Heute leben zwischen 200 und 300 Menschen in diesen Zentren. Auf ihrem 10-tägigen kalten Entzug werden sie unter anderem von Ex-Junkies im Gebet begleitet und können anschließend in ein neues geregeltes Leben starten. (AS)

Jackie Pullinger,
1944 in London geboren,
seit 1966 Missionarin in Hongkong.

IM NAMEN DER GERECHTIGKEIT

Die Liebe zu Christus lehrt uns alles, sie ist der Schlüssel zum Herzen Gottes, sie allein ist groß.

Juliane von Krüdener

Juliane von Krüdener

Die Netzwerkerin

Juliane ist eine echte „Hochgeborene", eine Baronesse aus Riga in Lettland. Ihr Vater, Baron Otto Herrmann von Vietinghoff, gilt als einer der reichsten Männer Russlands. Tochter Juliane besticht durch ihre ungewöhnliche Auffassungsgabe. Sie erhält eine exzellente Bildung.

Aber noch liegen die Zeiten, in denen eine junge Frau mit diesen Voraussetzungen ein Studium hätte absolvieren dürfen, in ferner Zukunft. So ereilt Juliane dasselbe Schicksal wie vielen anderen Altersgenossinnen ihrer Zeit: Sie wird mit 17 Jahren verheiratet. Ihr Ehemann, der russische Botschafter Baron von Krüdener, ist 20 Jahre älter als sie und hocherfreut über die großzügige Hochzeitsgabe seines Schwiegervaters: den Gutshof Kosse in Estland. Gutsherrin Juliane steht nun über 1 000 Leibeigenen vor. Doch sie verabscheut dieses System der Ungleichheit und Ungerechtigkeit.

Der Beruf des Ehemannes lässt Juliane und ihre Familie – bald hat sie zwei Kinder – in wichtigen europäischen Städten leben: Venedig, Kopenhagen, Berlin. 1802 stirbt ihr Mann nach 20 Jahren unglücklicher Ehe. Bald darauf veröffentlicht Juliane ihr erstes Buch: Valérie. Ein Riesenerfolg! Mit dem autobiografischen Liebesroman wird Juliane zur europaweit bekannten Bestsellerautorin.

1804, Juliane ist inzwischen 40 Jahre alt, nimmt ihr Leben eine starke Wendung. Durch den Einfluss eines einfachen Schuhmachers der Herrnhuter Brüdergemeine erlebt sie, die reiche, bewunderte, berühmte, vielleicht auch exzentrische Adelige, eine intensive Hinwendung zum christlichen Glauben und begegnet Gottes Liebe. Hat sie auch vorher nicht die Augen vor der brutalen Armut vieler Landsleute verschlossen, setzt sie sich nun entschieden für soziale Gerechtigkeit ein.

Barmherzigkeit prägt ihr Denken und Handeln. Evangelium in Wort und Tat. Sie verbessert die Lebenssituation „ihrer" Leibeigenen, wo sie nur kann. Durch ein Gesetz, das Zar Alexander I. schon 1803 erlassen hatte, wird schließlich sogar ihr Traum wahr: Sie kann ihren Leibeigenen die Freiheit schenken. Während einer großen Hungersnot verkauft Juliane ihre Diamanten im Wert von 30 000 Franken zur Finanzierung von Hilfsaktionen.

Doch Juliane will noch mehr. In den Jahren 1816 bis 1818 begibt sie sich auf Missionsreisen durch Süddeutschland und die Schweiz. Networking gelingt Juliane mühelos und in Salons ist sie ein gern gesehener Gast.

Für oberflächlichen Small Talk ist sie allerdings nicht mehr zu haben. Diese Frau polarisiert. Die einen sind fasziniert, die anderen halten sie für verrückt und gefährlich. Wie kann sie es wagen, sich als Frau politisch zu äußern, ja sogar politische Forderungen zu stellen? Schon ihre schriftstellerische Tätigkeit galt für Frauen als „unschicklich". Wie viel mehr ihr politisches Engagement!

Juliane lässt sich von Widerständen nicht aufhalten und setzt sich weiter für die Unterdrückten ein. In Kriegslazaretten organisiert sie die Pflege der Kriegsverletzten. Sie besucht Gefängnisse, in denen grauenhafte Zustände herrschen, und scheut weder Schmutz, Gestank, Krankheit oder Tod. Wieder einmal sorgt sie für Aufsehen.

So bleibt Juliane von Krüdener zeitlebens eine Grenzgängerin, eine Wanderin zwischen den Welten. Sie ist überzeugt: „Liebe einatmen und Liebe aushauchen, das ist das ganze Christentum und das lernt man nur zu Jesu Füßen."

(CF)

Juliane von Krüdener,
1764–1824, Schriftstellerin, Salondame, Missionarin, Sozialreformerin.

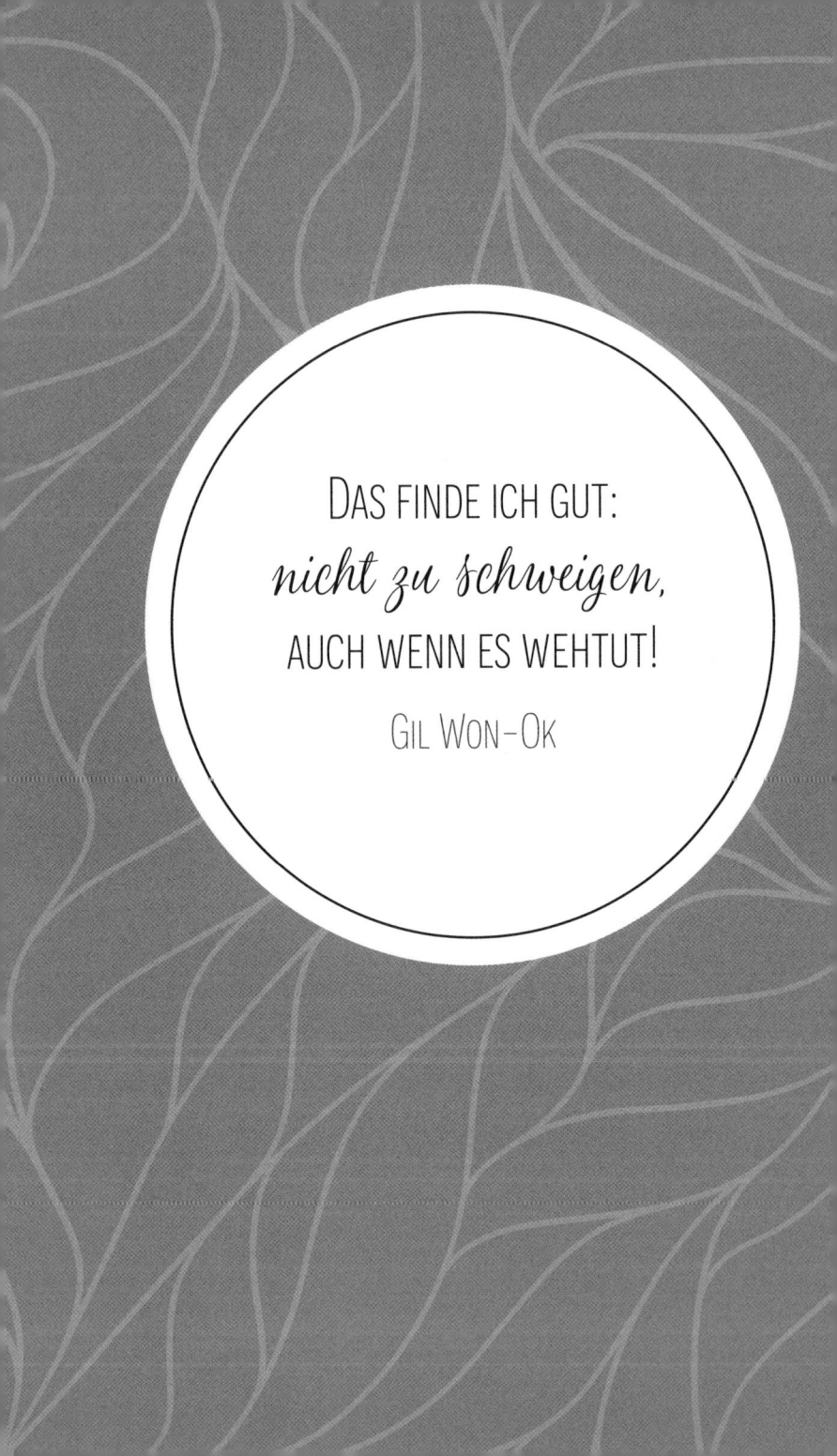

Das finde ich gut:
nicht zu schweigen,
auch wenn es wehtut!

Gil Won-Ok

Gil Won-Ok

Damit der Schmetterling fliegen kann

„In der Mandschurei gibt es eine Fabrik, in der du arbeiten und eine Ausbildung machen kannst." Voller Zuversicht steigt die dreizehnjährige Gil Won-Ok 1941 in den Zug Richtung China. Sie lässt ihre große Familie zurück, die in Armut in Korea lebt. Won-Ok hofft, ihre kleinen Geschwister bald mit Geld unterstützen zu können. Doch das Mädchen landet nicht in einer Fabrik, sondern wird von japanischen Soldaten zur Prostitution gezwungen.

Mit ihr erfahren etwa 200 000 Frauen im Alter von 11 bis 29 Jahren während des Zweiten Weltkrieges dieses Schicksal. Das japanische Militär gibt ihnen die grausam verharmlosende Bezeichnung „Comfort-Women" – „Trostfrauen". In Bordellen, sogenannten „Trosthäusern", müssen sie als Sexsklavinnen den Soldaten „zur Verfügung stehen". Über Jahre werden sie mehrmals täglich vergewaltigt. Viele „Trostfrauen" sterben an ihren Verletzungen und Krankheiten oder sind nach Kriegsende unfruchtbar. So auch Gil Won-Ok, die gewaltsam sterilisiert wird. Da ist sie gerade einmal 14 Jahre alt.

Nach dem Krieg hat Gil Won-Ok alles verloren. Doch ihr großes Glück wird ihr Adoptivsohn. Obwohl sie als Marktfrau selbst nur wenig hat, nimmt sie den Neugeborenen als

30-Jährige zu sich und rettet ihn vor dem Waisenhaus. Ihr Sohn, heute protestantischer Pfarrer, gibt ihr die Kraft weiterzuleben.

Fast 50 Jahre schweigen die Überlebenden. Die Gequälten sind gefangen in ihrer Scham. Bis die ehemaligen „Trostfrauen" 1992 als alt gewordene Frauen vor der japanischen Botschaft in Seoul (Südkorea) rufen: „Es ist die japanische Regierung, die sich schämen muss, nicht wir!" Jeden Mittwoch. Die „Trostfrauen-Bewegung" entsteht.

Noch versucht die japanische Regierung, alles zu leugnen. Doch die betroffenen Frauen, auch Gil Won-Ok, geben eidesstattliche Erklärungen ab. Trotzdem kommen die Opfer nicht zur Ruhe, denn die japanische Regierung verweigert bis heute direkte Entschädigungen. Die Überlebenden gründen den „Schmetterlingsfond" und zahlen die staatlichen Entschädigungszahlungen dort ein – zur Unterstützung von Frauen, die weltweit Opfer sexueller Gewalt in kriegerischen Auseinandersetzungen geworden sind.

Gil Won-Ok überwindet erst 1998 – mit 70 Jahren – ihr Schweigen und ihre Scham und verleiht seitdem den Opfern der Vergangenheit und der Gegenwart ihre Stimme. Weltweit ist die alte Dame als Friedens- und Menschenrechtsaktivistin für die Rechte von Opfern sexueller Gewalt im Einsatz – auch in Deutschland, z. B. auf dem Kirchentag.

So arbeiten Won-Ok und mit ihr viele andere ehemalige „Trostfrauen" ihre eigene Geschichte auf: Sie reden darüber, auch wenn ihre Kräfte nur noch gering sind. Mit ihrem Reden in der Öffentlichkeit wollen sie den Opfern von damals Würde verleihen. Und nicht nur ihnen. Auch heute werden Frauen verschleppt, mit falschen Versprechen zur Prostitution gezwungen oder erleiden Vergewaltigungen, die als Kriegswaffe eingesetzt werden.

Gil Won-Ok weiß, dass Schweigen die Täter schützt und das Leiden der Opfer fortsetzt. „Es ist dringend Zeit zu reden. Nur so kann der Teufelskreis aus Verbrechen, Schweigen, Scham und neuen Verbrechen durchbrochen werden", sagt sie. Und reist als alte Dame, im Rollstuhl sitzend, mit dieser Botschaft um die Welt. (CF)

GIL WON-OK,
geb. 1928 in Korea, wurde 13-jährig
während des Zweiten Weltkriegs
vom japanischen Militär zwangsprostituiert.

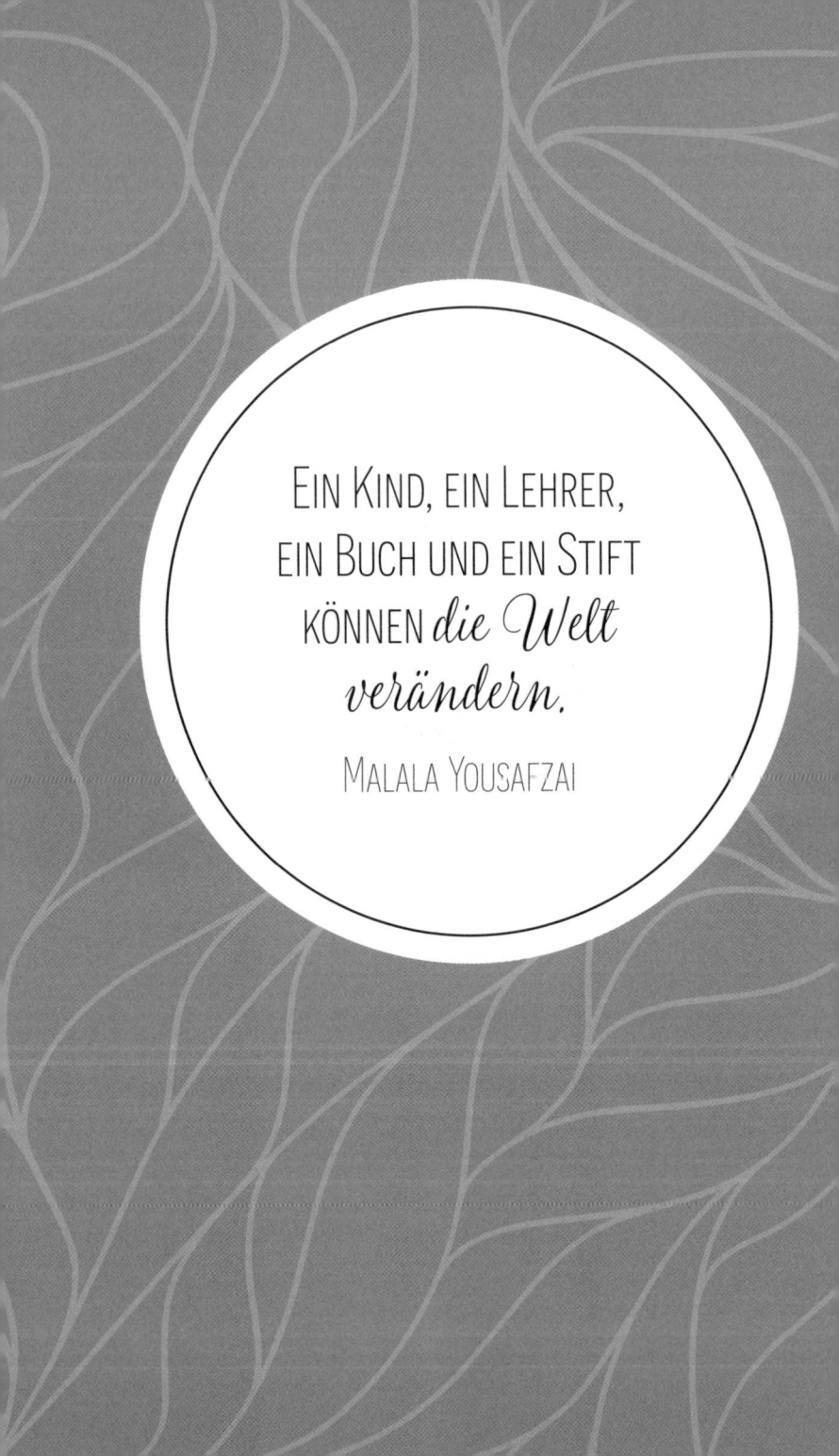

> Ein Kind, ein Lehrer, ein Buch und ein Stift können *die Welt verändern*.
>
> — Malala Yousafzai

Malala Yousafzai

Die Mädchenrechtlerin

Wir Menschen machen uns selten klar, wie groß Gott ist. Er hat uns ein unglaubliches Gehirn gegeben und ein empfindsames, liebevolles Herz. Er hat uns mit zwei Lippen gesegnet, mit denen wir unsere Gefühle ausdrücken können; mit zwei Augen, die eine Welt voller Farbe und Schönheit sehen; mit zwei Füßen, die uns die Straße des Lebens entlangtragen; mit zwei Händen, die für uns arbeiten; mit einer Nase, die das Wunder des Dufts erlebt; und mit zwei Ohren, um Worte der Liebe zu hören.

Malala ist 15 Jahre alt, als ein Taliban-Kämpfer ihren Schulbus stürmt und sie mit einer Pistole niederstreckt. Die Kugel durchdringt ihre Stirn, zerstört ihr linkes Ohr, zerreißt den Gesichtsnerv. Wochenlang ringt sie mit dem Tod. Um ihr Leben zu retten, beschließen die behandelnden Ärzte, sie aus ihrer Heimat nach Birmingham/Großbritannien zu transportieren.

Alle Welt schaut auf sie. Malala ist fast noch ein Kind. Doch schon vor dem Attentat ist sie international bekannt. Das mutige Mädchen ist Bildungsaktivistin. Die Tochter einer Analphabetin und eines Mannes, dem nach einer Kindheit in Armut nichts wichtiger ist als Bildung und der als Erwachsener eine Schule gründet.

Als Malala 10 Jahre alt ist, erobern Taliban-Kämpfer ihr schönes Swat-Tal. Sie bringen willkürliche Gewalt in die entlegensten Bergdörfer, mit brutalen Terrorakten verbreiten sie Angst und Schrecken. Sie verbieten Musik, Tanz, lautes Lachen. Fernsehgeräte, CDs und DVDs werden auf öffentlichen Plätzen verbrannt. Schulen werden systematisch zerstört. Frauen dürfen sich nicht mehr allein außerhalb ihrer Häuser bewegen.

„Wir hatten Angst", erzählt Malala über diese Zeit, „aber unsere Angst war nicht so stark wie der Mut." Ihr Vater lebt ihr diesen Mut vor und spornt sie an, furchtlos zu bleiben. Die Tochter begleitet ihren Vater zu politischen Veranstaltungen, in denen er zum Widerstand gegen die Taliban aufruft. Mit 11 Jahren gibt sie Fernsehinterviews. „Du bist ein Kind, es ist dein gutes Recht, laut deine Meinung zu sagen", ermutigt ihr Vater sie, begleitet sie zu Talkshows.

Und dann geschieht das Unfassbare: Die Taliban verkünden das Verbot für alle Mädchen, die Schule zu besuchen. Die geheime Schule ist nun der stille Protest. „Niemand kann mich davon abhalten zu lernen", sagt Malala. Und: „Am Denken werden sie uns nicht hindern können." Auch als man sie warnt, dass sie auf einer Todesliste stünde, glaubt Malala nicht daran, dass die Taliban sie, ein Kind, töten würden. Aber sie schießen doch. Malala sei prowestlich eingestellt, verbreiten sie über die Netzwerke, als sie mit ihrer Tat prahlen. Wer – wie sie – Barack Obama zu seinem Vorbild erklärt, muss beseitigt werden.

Ungewollt machen die Taliban Malalas Engagement nun erst recht weltweit bekannt. Der UN-Sondergesandte für Bildung ruft die Initiative „Ich bin Malala" ins Leben. Bis zum Jahr 2015 soll kein Kind von Schulbildung ausgeschlossen sein. Malala wird sogar als jüngste Nominierte aller Zeiten für den Friedensnobelpreis vorgeschlagen. Mit nur 17 Jahren erhält Malala den Friedensnobelpreis und ist damit die jüngste Preisträgerin aller Zeiten.

Nach dem Anschlag kehrt Malalas Familie nicht wieder nach Pakistan zurück. Doch die Sehnsucht nach ihrer Heimat bleibt. (CF)

MALALA YOUSAFZAI,
geb. 1997 im Swat-Tal (Pakistan),
Bildungsaktivistin, jüngste Trägerin
des Friedensnobelpreises (2014),
Friedensbotschafterin der UN (2017).

Ich fürchte
mich nicht davor
*zu tun, was mein
Gewissen mir vorschreibt,*
egal was die Welt davon hält.

Antoinette Brown Blackwell

Antoinette Brown Blackwell

Obwohl wir Frauen kämpfen müssen

Ich bin neuerdings sehr glücklich und fühle mich nicht mehr so traurig, denn die gute Sache gedeiht, obwohl wir Frauen kämpfen müssen, und wenn die Männer denken, dass die öffentliche Meinung uns noch lange abhalten wird, Theologie zu studieren, dann kennen sie uns aber schlecht.

Eine Frau als Theologin? Eine Frau als Leiterin einer christlichen Gemeinde? Zur Zeit, in der Antoinette lebt, unmöglich! Doch sie nimmt die erste Hürde, als sie sich am Theologischen Oberlin College in Ohio im „Kurs für junge Damen" einschreiben darf. Aber bitte in der letzten Reihe sitzen, schön den Mund halten und keine Fragen stellen, so die klaren Ansagen der Herren.

Antoinette kämpft sich trotz aller Demütigungen durch und schließt 1850 ihr Theologiestudium ab. Doch ein Abschlusszeugnis wird ihr verwehrt und Pastorin darf sie sich weder nennen noch darf sie eine sein. Zum Glück ist sie eine Kämpferin und Unmögliches wird wahr: Drei Jahre später wird Antoinette als Pastorin einer Gemeinde berufen. Als erste Frau in den USA!

Aber Antoinette leidet weiterhin sehr an der ungleichen Behandlung von Männern und Frauen in der Gesellschaft.

Warum dürfen Frauen so vieles nicht, was Männer selbstverständlich für sich in Anspruch nehmen? Sind Frauen etwa dümmer und schwächer? Hat Gott selbst Ordnungen geschaffen, die Frauen andere Aufgaben zuweisen als Männern? Antoinette denkt in neuen Bahnen. So wird der weltweite Kampf für das Wahlrecht der Frau zu ihrem Großprojekt.

Sie ist erst 25 Jahre alt, als sie eine flammende Rede auf einem nationalen Frauenkongress hält. Zum Glück weiß sie noch nicht, wie mühsam der Weg zum Erfolg ist. Über 70 Jahre müssen vergehen, ehe Antoinette 1920 mit 95 Jahren an ihrer ersten Präsidentschaftswahl teilnehmen darf. Viele ihrer Mitstreiterinnen erleben das nicht mehr.

Pastorin ist sie allerdings nur für eine kurze Zeit; ihre große Redebegabung macht sie zur Rednerin im Hauptberuf, von dem sie sogar leben kann. Mit ihren mitreißenden Reden gegen den Alkoholmissbrauch, zur Abschaffung der Sklaverei und zu Frauenrechten füllt Antoinette Säle. Während die einen die Bibel heranziehen, um zu begründen, warum Frauen nicht dieselben Rechte wie Männer haben, findet Antoinette diese gleichen Rechte in ihrer Bibel gut begründet.

Ihr großes Glück wird ihr Mann Samuel, mit dem sie fünf Töchter bekommt. Als er um die Hand der frommen Frauenrechtlerin anhält, verspricht er ihr, dass sie auch nach der Heirat nicht hinter dem Herd verschwinden muss, sondern auf dem Podium stehen darf, um Vorträge zu halten. Samuel hält seiner Antoinette den Rücken frei und lässt sie zu langen Vortragsreisen durchs ganze Land ziehen. Waschen, Windeln wechseln, Essen kochen ist auch Männersache, findet der tapfere Samuel – so werden Revolutionen eingeleitet.

Antoinette wagt sich auch auf das Feld der Naturwissenschaft, veröffentlicht sieben naturwissenschaftliche Bücher. Doch die Herren der Wissenschaftszunft ertragen keine

Frauen in ihren Reihen und ignorieren Antoinettes Forschungsarbeit. So passiert es, dass sich nach ihrem Tod ein Schleier der Vergessenheit über diese großartige Frau legt.

(CF)

Antoinette Brown Blackwell,
1825–1921, erste ordinierte Pastorin der USA, berühmte Frauenrechtlerin, Naturwissenschaftlerin.

Ein Leben, das *Gott ganz verpflichtet ist*, hat nichts zu befürchten, nichts zu verlieren, nichts zu bereuen.

Pandita Ramabai

Pandita Ramabai

Die Entdeckung der Barmherzigkeit

Solange Ramabai denken kann, ziehen ihre Eltern mit den Kindern von einem heiligen Ort zum nächsten. Sie müssen nicht betteln. Der Vater ist Sanskrit-Gelehrter. Er sitzt unter einem Baum, im Tempel, am Ufer eines Sees und intoniert weisheitliche Schriften in Sanskrit. Die Zuhörer verstehen diese alte Sprache nicht, aber das stört sie nicht. Hauptsache, man hört die Worte und legt dann etwas bei dem Lehrer nieder: Geld, eine Blume, Früchte, eine Handvoll Reis. Genug, um die Familie des Gelehrten zu versorgen.

So geht es viele Jahre, bis eine furchtbare Hungersnot ausbricht. Der Vater, die Mutter und die Schwester sterben innerhalb weniger Wochen. Ramabai und ihr Bruder sind nun auf sich allein gestellt.

Viele Jahre hatte Ramabai bei den Eltern Sanskrit-Unterricht erhalten. Sie studiert autodidaktisch und mit großem Eifer die hinduistischen Schriften und macht dabei eine erschütternde Entdeckung, die ihren weiteren Weg lenkt: Frauen aller Kasten sind in den hinduistischen Schriften nichts wert, sie sind schlechter angesehen als Dämonen, verdammt, millionenfach wiedergeboren zu werden und zu sterben, ehe sie erlöst werden. Der einzige Weg einer Frau zur Erlösung ist, einem Ehemann wie einem Gott zu dienen, auch wenn er sie noch so schäbig behandelt.

Den „Unberührbaren" gilt dasselbe Schicksal, selbst den Männern. Sie sind nichts wert, weniger wert als ein Schwein, verdammt zur Leibeigenschaft.

Ramabai heiratet mit 22 Jahren, aber ihr Mann stirbt schon zwei Jahre später. Sie ist nun eine junge Witwe mit einer kleinen Tochter. Vermittelt durch Kontakte zur anglikanischen Kirche, reist sie 1883 nach England, intensiviert ihre Studien des christlichen Glaubens und macht die faszinierende Entdeckung der Barmherzigkeit: Sie lernt Menschen kennen, die sich um andere Menschen kümmern, die in Not geraten sind. Warum tun sie das, was motiviert sie? Ramabai hört von einem barmherzigen Gott, der sich von den Menschen wünscht, dass sie diese Barmherzigkeit weitergeben. Ramabai ist fasziniert. Mitleid und Barmherzigkeit in Wort und Tat – das hatte sie in ihrer Religion nicht erlebt und nicht in den heiligen Schriften gelesen.

Ramabais Herz und Verstand sind von diesem Glauben ergriffen. Sie lässt sich taufen. In England hält Ramabai Vorträge über die elende Situation der indischen Frau und verfasst eine Kampfschrift gegen die in Indien verbreitete Kinderheirat, die Polygamie und Witwenverbrennung.

Zurück in Indien gründet sie 1889 die „Mukti Mission", eine Zufluchtsstätte vor allem für junge Witwen, die in einer besonders hoffnungslosen Lage sind. Dort werden sie versorgt und erhalten Schul- und Berufsausbildung – bis zum heutigen Tag. (CF)

Pandita Ramabai,
1858–1922, gilt bis heute als eine der einflussreichsten Frauenrechtlerinnen Indiens.

Suchen Sie *nach Wegen*, um kleine Schritte gegen die Destruktivität zu unternehmen.

Magda Trocmé

Magda Trocmé

Furchtlos und mutig

Eigentlich passt sie überhaupt nicht zu ihm. André ist ein glaubensstarker angehender Pastor aus Frankreich, Magda Italienerin adeliger Herkunft. Sie selbst bezeichnet einmal ihre Einstellung zum Religiösen als „bizarr". Und außerdem hat sie oft eine Zigarette im Mund! Wie soll das im Jahre 1925 zu einer zukünftigen Pfarrfrau passen?!

Doch fern von ihren Heimatländern finden sich ihre Herzen. New York war auch vor fast hundert Jahren schon anziehend für junge Europäer.

Magdas Mutter stirbt vier Wochen nach Magdas Geburt. Von der Amme über zahllose Gouvernanten bis zu strengen Diakonissen gehört ein langer Reigen von Frauen zu ihrem Leben – nur keine Mutter, die ein kleines Mädchen so liebt, wie Magda es braucht. Vielleicht ist sie deshalb von klein auf von schrecklichen Ängsten geplagt, bis sie eines Tages beschließt, frei und froh zu sein. Und es geht!

Schon als Mädchen begreift Magda, welche Möglichkeiten im Willen und im Mut liegen. So steht auch ihr Entschluss fest: Weg mit der Unfreiheit der Frau, gebildet will sie sein. Beides erreicht sie: Sie studiert Pädagogik in Italien und erhält ein Stipendium für die USA, um dort Soziale Arbeit zu studieren. Von Kindheit an ist sie vertraut mit den großen

Sprachen Europas. Zwischen Wolkenkratzern lernen sich André und Magda 1926 näher kennen und sind bald darauf ein verlobtes Paar. Doch wohin soll ihre Reise nun gehen?

Immerhin ist André in New York nicht nur Theologiestudent, sondern auch Hauslehrer bei den Rockefellers, der reichsten Familie der USA. Rockefeller jun. macht ihm verlockende lukrative Angebote. Und Magdas Gesundheit ist angeschlagen. Könnte sie den Herausforderungen und Entbehrungen des Dienstes in einer armen evangelischen Gemeinde in Frankreich überhaupt gewachsen sein? „Zu welch außerordentlicher Liebe und welch unendlicher Hingabe Magda fähig war, sollte ich erst im Lauf der Zeit erkennen", schreibt André später in seinen Erinnerungen.

Wie wahr! Angekommen in einer trostlosen französischen Arbeitersiedlung kann sie 1927 ihr Wissen als Sozialarbeiterin an die Frau bringen: Sie bietet Kurse zu Hygiene und Ungezieferbekämpfung an. Mit Rat und Tat steht sie den Frauen bei, deren Männer den sauer verdienten Lohn in die nächste Kneipe tragen. Es ist ein Kampf gegen Fabrikdreck und Verrohung der Seelen.

Aber die größte Herausforderung ihres Lebens sollte erst noch kommen, als es das Paar 1934 mit seinen vier kleinen Kindern in ein Dorf am „Ende der Welt" verschlägt: Chambon-sur-Lignon im Zentralmassiv, eine Insel der protestantischen Kirche im katholischen Frankreich. Dort gründet das Ehepaar schon bald eine Schule, in der sich geflohene jüdische Kinder und Lehrer aus vielen Ländern sammeln. Magda unterrichtet Italienisch, aber weit wichtiger ist ihr, was aus den Kindern wird. Sie haben sich vor den Nazis nach Frankreich gerettet, aber nun verfolgen sie diese auch hier.

Als an einem Winterabend eine erschöpfte deutsche Jüdin an Magdas Tür klopft, ist das der Beginn einer beispiellosen Rettungsaktion für fast 5 000 Menschen, darunter etwa 3 500 Juden.

Hatte die junge Magda nicht beschlossen, furchtlos und mutig zu sein?! (CF)

Magda Trocmé,

1901–1994, Sozialarbeiterin, bekam 1981 gemeinsam mit Rosa Parks in den USA die Ehrendoktorwürde verliehen. 1990 wurde sie stellvertretend für die Region von Chambon-sur-Lignon in Yad Vaschem/Israel als „Gerechte unter den Völkern" geehrt.

GLÜCKLICHERWEISE SIND

Gottes Pläne viel besser

ALS MEINE.

KATIE DAVIS MAJORS

Katie Davis Majors

Die ihrem Herzen folgt

Uganda, das ostafrikanische Land, das ungeahnt ihre große Liebe wird, sieht Katie Davis das erste Mal als 17-jährige Schülerin. Während eines dreiwöchigen Praktikums in der Missionsstation von Jinja, einer am Victoriasee gelegenen Stadt, lernt sie das wundervolle, farbenprächtige Land mit seinen freundlichen Menschen kennen. Die Schönheit und zugleich extreme Armut, der sie dort begegnet, berühren zutiefst ihr Herz und lassen sie nicht mehr los.

Wieder in ihrer Heimatstadt, Nashville, USA, beendet Katie die Highschool, verschiebt jedoch ihr geplantes Studium und beschließt, nach Jinja zurückzugehen. Die Eltern sind von ihrer Idee nicht begeistert. Doch für Katie ist der Entschluss klar: Sie wird für ein Jahr als Lehrerin die Vorschulklasse des Waisenhauses unterrichten, das die Missionsstation dort aufgebaut hat.

Dieses eine Jahr verändert alles und stellt Katies gesamte Lebensplanung auf den Kopf. Uganda wird ihr Zuhause. Wenn sie ihre kleinen verdreckten Schüler anblickt, in lächelnde Kindergesichter sieht oder Babys in den Schlaf wiegt, empfindet sie eine unvorstellbare Liebe – für das Land, die brennend heiße Sonne, den roten Staub, den Regen und für die Menschen. Materiell die ärmsten, sind es doch die fröhlichsten Menschen, die sie je kennengelernt hat. Katie lernt viel von ihnen, von ihrem Glauben, ihrer Lebensweise, ihrem Mut. Und sie fühlt sich in diesem einst fremden Land lebendiger als jemals zuvor. Sie weiß und spürt: Das ist das Leben, zu dem Gott mich berufen hat.

Diese Berufung wird ihr weiteres Leben völlig umkrempeln. Immer neu ist Katie vom Schicksal der verwahrlosten, verschmutzten, verwundeten, kranken und hungrigen Kinder erschüttert, die manchmal sogar einfach auf der Straße leben. Die junge Frau spürt das Leid, die Traurigkeit, den Schmerz. Sie fragt Gott: Was kann ich tun?

Der Bildungsmangel in Uganda ist eines der größten Probleme. Viele Kinder gehen überhaupt nicht zur Schule. Das Schulgeld ist eine große Hürde, die nur wenige Familien bewältigen können. Schritt um Schritt wird die Idee geboren, ein Hilfswerk aufzubauen. Tatsächlich gründet Katie mit Unterstützung ihrer Eltern, Freunden in den USA und vieler Menschen vor Ort „Amazima". Jetzt kann die junge Frau Hunderten Kindern eine warme Mahlzeit, medizinische Versorgung und vor allem den Schulbesuch ermöglichen. Waisenkinder, die nur von Schule träumten, erhalten durch das Schulförderprogramm eine kostenlose Schulbildung.

Doch Katies Herzenswunsch, dass die Menschen in Uganda Jesu Liebe erfahren, geht bald noch in ganz anderer Weise in Erfüllung. Eines Tages lernt sie drei kleine Mädchen kennen, um die sich niemand kümmert. Katie nimmt sie mit nach Hause und sucht wochenlang eine Adoptivfamilie. Ohne Erfolg. Längst hat ihr Herz Gottes Reden vernommen, und so adoptiert Katie die drei Waisenmädchen selbst und gründet eine Familie.

Doch das ist erst der Anfang. Bald verschenkt sie ihr Mutterherz an 11 weitere Mädchen, die sie ebenfalls adoptiert.

Mama zu sein, ist ein Geschenk, aber auch jeden Tag eine Herausforderung. Mit den Kindern zu leben und sie wahrzunehmen, ihnen ihr Herz und ihre Tür zu öffnen, ist Katies außergewöhnliche Berufung, die sie mittlerweile zusammen mit ihrem Ehemann Benji und zwei leiblichen Kindern erfüllt.
(Ulrike Wendt)

Katie Davis Majors,
geb. 1988 in Nashville/USA,
ist Gründerin und Leiterin der Hilfsorganisation
„Amazima Ministries International" in Uganda.

Man muss sich STÖREN lassen.

Gertrud Kurz

Gertrud Kurz

„Mutter Kurz" – Die Flüchtlingsmutter

Gertrud Kurz steht mit der Schürze und zerzaustem Haar am Telefon. Wie so oft hat das Läuten des Telefonapparates sie vom Kochtopf geholt. Eigentlich ist Gertrud eine „einfache Hausfrau". Sie hat zwar die Handelsschule besucht – damals unter jungen Frauen eine Seltenheit –, wurde von ihren Eltern dann aber doch noch auf eine Frauenbildungsschule geschickt, um den letzten Schliff als zukünftige Hausfrau zu bekommen.

1912 heiratet die 22-jährige Gertrud Albert Kurz, Direktor eines Berner Gymnasiums. Das Paar bekommt drei Kinder. Doch immer öfter wird Gertrud von ihren „normalen" Familienpflichten weggerufen, um sich um die „Unerwünschten", Unansehnlichen, Schmutzigen zu kümmern. Sie öffnet ihre Haustür für Nichtsesshafte und Strafentlassene, die den Weg zurück in die Gesellschaft nicht mehr schaffen.

Schließlich bekommt Gertrud Kontakt zur Friedensbewegung. Sie ist Christin und nimmt die Seligpreisung von Jesus beim Wort: „Selig sind die Friedensstifter." Sie wird zur Pazifistin.

Doch der Friede in Europa ist bedroht. 1938 erreichen nach den schrecklichen Ereignissen der Reichspogromnacht die ersten jüdischen Flüchtlinge die Schweiz. Gertrud Kurz hat den Mut, anders zu handeln als die schweigende Mehrheit. Spontan organisiert sie in Basel eine Weihnachtsfeier für ein gutes Dutzend Flüchtlinge. Im wahrsten Sinne des Wortes steht von nun an Tag und Nacht ihre Haustür offen.

1938 findet auch eine Flüchtlingskonferenz im französischen Evian mit 32 teilnehmenden Staaten statt. Es wird beraten, welches Land wie viele Juden aufnehmen kann. Die Konferenz endet mit einer Katastrophe: Kein Land hilft. Auch die Schweiz ist nicht bereit, eine bestimmte Zahl von Juden, die von der Vernichtung bedroht sind, aufzunehmen.

Gertrud Kurz ist schockiert und handelt beharrlich und unerschrocken. Ihr christlicher Glaube gibt ihr Kraft und ist ihr Kompass. Sie schreibt Briefe, telefoniert, berät, steht bei der Fremdenpolizei im Büro, besorgt Unterkünfte, Verpflegung. Bald nennen die Menschen sie „die Flüchtlingsmutter", oder einfach nur „Mutter Kurz".

Im Sommer 1942 verschärft der Schweizer Bundesrat seine Asylgesetze und beschließt eine strenge Zurückweisung der steigenden Zahl jüdischer Flüchtlinge an der Schweizer Grenze. Gertrud Kurz ist entsetzt. Politik und Behörde haben doch Kenntnis vom industriellen Massenmord an den Juden! „Das Boot ist voll." „Das ist unserer einheimischen Bevölkerung nicht zuzumuten." So argumentieren die Politiker und lassen die jüdischen Flüchtlinge an der Grenze zurückschicken.

Als Gertrud Kurz vom Beschluss des Bundesrates hört, setzt sie sich kurzerhand in den Zug und besucht den zuständigen Leiter des Justiz- und Polizeiministeriums in seinem beschaulichen Urlaubsort. Sie erzählt vom Schicksal einzelner Menschen, malt dem Entscheidungsträger Mütter, Väter, Kinder vor Augen, denen der sichere Tod droht. Der Politiker ändert zwar nicht das Gesetz, lässt jedoch „Lücken" im Zaun zu.

Später wird Getrud selbstkritisch sagen, dass sie doch eigentlich noch viel rebellischer hätte sein müssen. Noch kämpferischer. Aber ihrem Einsatz ist es zu verdanken, dass die restriktive Flüchtlingspolitik der Schweiz etwas humaner wird. Ihr verdanken viele Juden das Überleben. (CF)

Gertrud Kurz,

1890–1972, leitete ein Schweizer Flüchtlingswerk und wurde für den Friedensnobelpreis vorgeschlagen.

Ich möchte Dir gerne ein Auge von mir leihen, damit Du alle *Schönheit* und *Freude* hier um mich sehen und miterleben kannst.

Maria von Wedemeyer

an ihren Verlobten
Dietrich Bonhoeffer

Maria von Wedemeyer

Liebesbriefe

Von guten Mächten treu und still umgeben,
behütet und getröstet wunderbar,
so will ich diese Tage mit euch leben
und mit euch gehen in ein neues Jahr.

Maria von Wedemeyer hält den Brief ihres Verlobten Dietrich Bonhoeffer in den Händen. Sehnsüchtig erwartet wie die vielen Briefe vorher und hinterher. Diesmal hat er ihr ein Gedicht mitgeschickt: „Von guten Mächten wunderbar geborgen". Es entstand im Berliner Gestapo-Gefängnis. Bonhoeffer, theologischer Lehrer der Bekennenden Kirche und Widerstandskämpfer, wurde im April 1943 von den Nazis gefangen genommen. Zu diesem Zeitpunkt sind Dietrich und Maria kaum drei Monate verlobt.

Wäre es nach Marias Mutter, einer verwitweten Gutsherrin, gegangen – die Verlobung hätte zu diesem Zeitpunkt nicht stattgefunden. Maria ist doch noch so jung! Die Zeiten – so unsicher! Doch Dietrich und Maria haben einander ihr Herz ganz geöffnet. Außerdem ist Maria eine willensstarke junge Frau. Ein Mensch, der – so drückte es einmal ihre ältere Schwester Ruth aus – fast von Geburt an „ich" sagen konnte.

Nun droht Dietrich die Todesstrafe. Was für Zeiten für eine junge Liebe! Die nächsten beiden Jahre ihrer Liebe erleben Maria und Dietrich durch Gefängnismauern getrennt. Ein inniger, sehnsuchtsvoller Briefwechsel bezeugt: Die Gefahr vor Augen, verlieren sie die Hoffnung und Zuversicht nicht, sind immer wieder beseelt von der Vorstellung einer gemeinsamen Zukunft. Maria schreibt ihm: „Morgens, wenn ich um ½ 6 aufstehe, dann bemühe ich mich, recht zart und behutsam an Dich zu denken, damit Du noch ein bisschen weiterschlafen kannst. Ich habe einen Kreidestrich um mein Bett gezogen etwa in Größe deiner Zelle. Ein Tisch und ein Stuhl steht da, so wie ich es mir vorstelle. Und wenn ich da sitze, glaube ich beinah, ich wäre bei Dir. Wäre ich es doch nur erst wirklich."

Woche für Woche bringt Maria ihrem Verlobten frische Wäsche, Lebensmittel, Bücher, ihre Briefe und hofft so sehr auf ein gutes Ende. Doch die Zeilen seines Weihnachtsgedichtes werden zur Wirklichkeit. Dietrich Bonhoeffer wird im April 1945 von den Nazis ermordet.

Und reichst du uns den schweren Kelch, den bittern ...

Aber hatte nicht ihr Verlobter im Weihnachtsgedicht geschrieben: „Doch willst du uns noch einmal Freude schenken ..."? Wie oft klammerte sich Marias verzagtes Herz daran! Vorbei – es gibt keine gemeinsame Zukunft. So viel verliert Maria in dieser wahnsinnigen Zeit: ihren Vater und einen Bruder im Krieg, ihre große Liebe Dietrich, ihren Heimatort Pätzig in der Neumark mit dem großen Gut der Familie.

Was hält sie noch? Maria nimmt ihr Leben in die Hand und verlässt Deutschland nach dem Mathematikstudium in Göttingen. Die USA wird zu ihrer Wahlheimat. Sie arbeitet erfolgreich in der Computerbranche. In der Liebe bleibt sie eine Suchende: Zwei Ehen werden geschieden. Sie stirbt 1977 in Boston nach einer schweren Erkrankung. Mit ihrer Zustimmung erscheint viele Jahre später der Briefwechsel – ein bewegendes Dokument einer Liebe auf Hoffnung. (CF)

Maria von Wedemeyer,
geb. 1924 in Pätzig bei Königsberg/Neumark
(heute Polen), gest. 1977 in Boston/USA,
Mathematikerin.

Gottes Liebe ist groß genug, um aus jeder Dunkelheit Licht zu machen.

Heidi Baker

Heidi Baker

Es geht um den Einzelnen

Als ihr Mann Rolland einen erschütternden Artikel über das geschundene Bürgerkriegsland Mosambik vorliest, wo aufgrund von Gewalt und Chaos keine Hilfsorganisation mehr arbeitet, sagt Heidi: „Vielleicht sollten wir dorthin gehen?" Schon seit einer Weile fragen die Bakers Gott, wohin er sie als Familie als Nächstes führen will. Ihnen liegt am Herzen, dort Hoffnung und Gottes Liebe hinzubringen, wo die Verzweiflung am größten ist.

Heidi kann es nicht erwarten – schon wenig später reist sie allein nach Mosambik aus: ohne Geld, ohne Plan, ohne einen Unterstützerkreis. Rolland schreibt noch an seiner Doktorarbeit und wird nachkommen. In Chihango, unweit der Hauptstadt Maputo, wollen die Bakers ein Waisenhaus übernehmen. Doch Heidi ist schockiert von dem, was sie vorfindet: hungernde, von Würmern zerfressene Kinder, voller Schmutz und mit teilnahmslosen Augen. Hilflos betet die amerikanische Missionarin: „Gott, tu doch was! Bitte, tu was – durch mich!"

Und Gott greift tatsächlich ein: Unerwartet kommen Spenden, Heidi kann eine alte Bäckerei instand setzen und beginnt, täglich 700 Brote zu backen. Jeden Tag geht sie zu den verwahrlosten Straßenkindern und bald werden aus den

80 Waisen im Heim 300, irgendwann sind es 1000. Kein Kind wird abgewiesen. Heidi schafft Matratzen an, richtet eine Küche ein und so entsteht ein sauberer, von Liebe erfüllter Ort für die Schutzbefohlenen. Bald strahlen die Augen der Kinder wieder, denn „Mama Aida" ist voller Wärme und Liebe für jeden Einzelnen und hat immer ein offenes Ohr.

Regelmäßig heilt Gott durch Heidis Gebet: Blinde können wieder sehen, Taube hören und sprechen, Verkrüppelte wieder gehen. Wer dieser hingegebenen Frau begegnet, sehnt sich danach, den Gott kennenzulernen, durch den sie so tief liebt und der solche Wunder wirkt. Viele beginnen zu glauben.

Obwohl Heidi, wo sie kann, gibt, betet, lehrt, umarmt, zuhört und anpackt, brennt sie nicht aus. Ihr Geheimnis: der verborgene Ort der Begegnung mit Gott. Oft nimmt sie sich stundenlang Zeit für Anbetung und Gebet. Denn: „Wenn wir uns zuerst Zeit für Gott nehmen und uns von ihm füllen lassen, dann haben wir den Menschen etwas zu geben", ist sie überzeugt.

Auch die Not und Verzweiflung in diesem bitterarmen Land könnte einen resignieren lassen. Doch Heidi stellt sich energisch entgegen: „Aber natürlich kann man etwas tun", sagt sie. „Wir müssen uns nur Zeit nehmen für den Einzelnen, so wie Jesus das auch immer tat. Jetzt macht er das durch uns."

Gemäß diesem Prinzip hat sich der Dienst der Bakers, „Iris Global Ministries", im Lauf der Jahre enorm ausgebreitet: erst ein neues Waisenhaus, bald verschiedene neue Standorte. Das Paar reist durchs Land und predigt, Hunderte Gemeinden entstehen, eine Erweckung bricht aus, die bis ins Nachbarland Malawi schwappt. Für neue Gemeindeleiter braucht es eine theologische Ausbildung, die die Bakers aufbauen. Später entsteht noch die Harvest-Bibelschule, in der jeweils 4000 Jugendliche aus aller Welt drei Monate lang vor Ort lernen, Liebe ganz praktisch zu leben. Es gibt eine Schule für 3500 Kinder und derzeit träumen die Bakers von einer Universität für die Ärmsten, die eines Tages eine der besten Afrikas werden soll. (AS)

Heidi Baker,
1959 in Kalifornien geboren,
ist Missionarin in Mosambik und Leiterin
des Missionswerks „Iris Global Ministries".

Es gibt Zeiten,
in denen wir nicht wissen,
wohin unser Weg uns führt.
Doch wir gehen weiter im
Vertrauen darauf, dass Gott uns
vorausgegangen ist.

Lisa Misraje Bentley

Lisa Misraje Bentley

Kind ihres Herzens

Lisa und ihr Mann John haben erreicht, was sie sich erträumt hatten: Sie führen mit ihren vier Kindern das Leben einer gut situierten Familie an der Pazifikküste im Nordwesten der USA. Sie haben einen Kleinbus, einen Sportwagen und ein neues, großzügig geschnittenes Einfamilienhaus mit Doppelgarage. Was will man mehr!? Dennoch hört sich Lisa eines Tages beten: „Herr, ist das alles? Ich habe genug von diesem oberflächlichen Leben."

Auch ihr Mann John, ein Rechtsanwalt, sehnt sich nach einer Veränderung. So packen sie ihre Koffer und lassen sich auf einen Probelauf ein: Einige Monate wollen sie in einem chinesischen Waisenhaus für behinderte Kinder mitarbeiten, um zu prüfen, ob dort ihre neue Aufgabe sein könnte.

Der Anfang ist hart: Sie teilen ihre Wohnung mit frei herumlaufenden Ratten und beheizbar sind die Räume auch nicht. Wie soll sich Lisa in dieser fremden Welt zurechtfinden?

Doch schon nach wenigen Wochen kommt es zu einer Begegnung, die ihr Leben für immer verändern wird: Sie begegnet Levi. Das erst wenige Wochen alte Baby wird in ihrem Kinderheim abgegeben. Dieses Kind hat schwerste Verbrennungen erlitten, in China nicht selten. Es wurde mit dem Tode ringend auf einem freien Feld abgelegt. Offensichtlich war es ein Akt der Verzweiflung. Sind seine Eltern arme Bauern, die sich niemals eine kostspielige medizinische Behandlung leisten könnten? Hofften sie, dass jemand ihren Sohn finden und ihm helfen würde?

Die Ärzte sehen für das Baby wenig Überlebenschancen. Levis Haut ist zu siebzig Prozent verbrannt. Noch am selben Tag besucht Lisa Levi im Krankenhaus. Sie steht an seinem Bettchen und sieht das entsetzlich entstellte Baby. In diesem Moment öffnet es für einen kurzen Moment die Augen. Später erklärt Lisa es so: „Es war, als wenn sein Blick mich traf, mich erwartungsvoll fragte: ‚Bist du meine Mama?' Im selben Augenblick wusste ich, dass ich mein altes Leben zurücklassen würde, ohne ihm nachzutrauern."

Lisa kämpft für dieses Kind. Eigentlich war sie bis dahin eher ein ängstlicher Mensch, doch an der Seite des kleinen, hilflosen Wesens entwickelt sich in ihrem Leben Gottvertrauen und Selbstvertrauen, das sie selbst staunen lässt. Und das braucht sie. Denn schier Unmögliches muss möglich werden, um Levi zu retten: Sie brauchen viel Geld für die medizinische Behandlung. Pass und Visabehörden müssen schneller arbeiten als normalerweise – denn Levi muss in den USA operiert werden. Jemand muss Tickets sponsern, denn das Waisenhaus hat kaum eigene Mittel. Lisa erlebt, wie sich weltweit Dinge zusammenfügen, und erfährt dabei Gottes Handeln – denn so viele Zufälle kann es nicht geben! „Es ist, als ob hinter den Kulissen jemand die Fäden zieht. Jeder, mit dem ich spreche, ist bereit, Levi zu helfen. Sein Schicksal bewegt die Menschen."

Das Kind wird gerettet. Die befürchteten Amputationen müssen nicht vorgenommen werden. Levi lernt laufen, hüpfen und springen – wie ein normaler kleiner, glücklicher Junge. Das Ehepaar beschließt, ihn ganz in die Familie aufzunehmen. Sie adoptieren ihn. (CF)

Lisa Misraje Bentley,

geb. 1964, blieb neun Jahre in China und leitete dort eine Einrichtung für beeinträchtigte und verwaiste Kinder. Heute lebt sie mit ihren Kindern in Kalifornien und engagiert sich weiterhin für Notleidende in China.

Das sollte man immer bedenken, wenn man es mit anderen Menschen zu tun hat, dass *Gott ihretwegen Mensch geworden ist.*

Sophie Scholl

Sophie Scholl

Die Gedanken sind frei

Die Nazis machen kurzen Prozess: Verhaftung. Drei Tage Verhör. Fünf Stunden Gerichtsverhandlung. Das Urteil wird gefällt: dreimal Todesurteil für die jungen Studenten Hans und Sophie Scholl und den Freund Christoph Probst. Wenige Stunden später fällt das Beil. Es ist der 22. Februar 1943. Vier Tage zuvor hat der Hausmeister Sophie und Hans beim Verteilen illegaler Flugblätter in der Münchner Universität erwischt und sie der Gestapo verraten.

Als sich Deutschland schon lange verdunkelt hat, ein furchtbarer Krieg geführt wird, Juden brutal aus den Städten und Dörfern verschwinden, Unfreiheit und Angst herrschen, kehrt Sophie von einem ihrer vielen Ausflüge in die Natur zurück und schreibt: Sie habe sich wie die „Beamten Gottes gefühlt", die ausgeschickt worden seien zu prüfen, ob die Erde noch gut sei, und „wir fanden sie sehr gut". Sophie spürt deutlich ihren Auftrag, sie will dem Hässlichen etwas entgegensetzen. Mit ihrem ganzen Einsatz. Es reicht ihr nicht, dagegen zu sein; „man muss doch etwas tun". „Es fallen so viele für dieses Regime, es wird Zeit, dass jemand dagegen fällt", sagt sie zwei Tage vor ihrer Verhaftung.

Mit Flugblättern und Wandparolen rufen die jungen Leute die Bevölkerung zum Widerstand auf. Die kleine Truppe stellt Tausende Flugblätter her, die sie heimlich verteilt. Offener Widerstand – das ist neu. Sophie füllt immer wieder ihren Rucksack mit den verbotenen Papieren, reist mit ihrer gefährlichen Fracht mit dem Zug nach Ulm, Stuttgart, Augsburg. Eine Taschenkontrolle hätte das Ende bedeutet. Sie trägt Wahrheiten wie „Hitler kann den Krieg nicht gewinnen, nur noch verlängern" ins Land.

Ihre Eltern schufen ihren fünf Kindern in der Familie eine Insel der Geborgenheit. Frei im Denken und fröhlich im Glauben, weltoffen und liebevoll. Über ihre Eltern sagt Sophie: „Ihre Liebe, die so umsonst ist, ist für mich etwas Wunderbares."

Wenige Monate vor der Hinrichtung seiner Kinder muss der Vater selbst eine viermonatige Haftstrafe antreten, weil er Hitler „eine große Gottesgeißel" genannt hat. An manchen Abenden bringt Sophie den Mut auf und spielt in der Nähe seines Gefängnisses auf ihrer Flöte: „Die Gedanken sind frei." Ihrem Tagebuch vertraut sie an: „Denn muss nicht jeder Mensch, einerlei, in welcher Zeit er lebt, dauernd damit rechnen, im nächsten Augenblick von Gott zur Rechenschaft gezogen zu werden? Weiß ich denn, ob ich morgen früh noch lebe?"

Ihre Schwester Inge berichtet vom Besuch der Eltern unmittelbar vor dem Tod ihrer beiden Kinder Hans und Sophie im Gefängnis: „Sophie wurde von der Wachtmeisterin hereingeführt. Sie ging langsam und gelassen und sehr aufrecht. Sie lächelte immer, als schaue sie in die Sonne. Es war eine unbeschreibliche Lebensbejahung bis zum Schluss, bis zum letzten Augenblick.

‚Nun wirst du also gar nie mehr zur Tür hereinkommen', sagte die Mutter. ‚Ach, die paar Jährchen, Mutter', gab sie zur Antwort. Das war in den Tagen ihr großer Kummer gewesen, ob die Mutter den Tod gleich zweier Kinder ertragen würde. Aber nun, da sie so tapfer und gut bei ihr stand, war Sophie wie erlöst.

Noch einmal sagte die Mutter, um irgendeinen Halt anzudeuten: ‚Gelt, Sophie: Jesus.' Ernst, fest und fast befehlend gab Sophie zurück: ‚Ja, aber du auch.' Dann ging auch sie – frei, furchtlos, gelassen."

Der Scharfrichter sagte später, so habe er noch niemanden sterben sehen. (CF)

Sophie Scholl,
1921–1943, Studentin, gehörte während des Nationalsozialismus der studentischen Widerstandsgruppe „Weiße Rose" an.

LEBENSWENDE

Wir leben unseren Glauben durch die Tat!

Friederike Garbe

Friederike Garbe

Leben willkommen heißen

Im Treppenhaus von Friederike Garbe hängen 22 Gipsbilder mit Namen – eins von jedem Kind, das hier in der Lübecker Mengstraße in den vergangenen 21 Jahren abgegeben wurde.

Im Jahr 2000 ließ Garbe an dem stattlichen Patrizierhaus in der Altstadt eine Babyklappe installieren. Mütter, die keine Möglichkeit sehen, ihr Kind selbst aufzuziehen, können ihr Neugeborenes anonym in ein Wärmebettchen legen. Jede Mutter findet dort einen Informationsbrief, in dem ihr auch Hochachtung ausgesprochen wird.

Als 2003 Friederike Garbes Handy Alarm schlägt, findet sie in der Babyklappe erstmalig ein lebendiges Bündel, das in ihre Obhut gelegt wurde. „Herzlich willkommen!", kommt es ihr spontan und freudig über die Lippen.

Friederike Garbe – Jahrgang 1945 – weiß, wie zerbrechlich junges, neugeborenes Leben ist: Sie selbst kommt in Breslau zur Welt, als die Rote Armee vor der Stadt steht. Ein bitterkalter Winter, der Mutter steht die Flucht bevor und die Ärzte raten ihr, das Neugeborene – Friederike – wegen der geringen Überlebenschancen doch am besten „hierzulassen". Doch die beherzte Mutter flieht mit dem letzten Zug aus der umlagerten Stadt. Friederike ist gerade mal zwei Tage alt und „reist" im Gepäcknetz des Eisenbahnwaggons mit. Angst und die Erfahrung, Ballast und fast zurückgelassen worden zu sein, prägen Friederikes Leben.

Diese einschneidende Erfahrung führt die junge Frau später – als sie bereits Ehefrau und Mutter ist – sogar zu zwei Suizidversuchen. Inzwischen weiß Friederike Garbe um ihren Wert, lebt tief verwurzelt im christlichen Glauben und schöpft ihre Liebe für andere aus der eigenen Erfahrung von Gottes Liebe und Geborgenheit. Gerne gibt sie sich für andere hin und kümmert sich um sie. Nicht erst, seit es die Babyklappe gibt:

1995 öffneten die Garbes ihr Haus mit 650 Quadratmetern dem Verein „Leben Bewahren Lübeck", der Räumlichkeiten zum praktischen Helfen suchte. Sie bauten das Gebäude zu einem Ort um, in dem viele Not leidende Mütter Geborgenheit, Rat, Hilfe und Gemeinschaft erfahren konnten: Inzwischen waren es über 200 Menschen – Alleinerziehende, Minderjährige, Geflüchtete –, die hier zeitweise eine Familie fanden.

Die meisten Kosten bestreitet das Ehepaar Garbe privat. Die komplette Rente geht für die Tilgung des Hauskredits drauf. Immer wieder erleben die beiden aber, wie Gott versorgt, wie gerade rechtzeitig Spenden reinkommen.

Und dann gibt es da noch Friederikes Nebenverdienst, der hilft, das Agape-Haus und die Babyklappe zu finanzieren: Als Friederike Garbe erstmals mit der Babyklappe Schlagzeilen machte, wurde sie als Seniormodel entdeckt. Mit ihrer Ausstrahlung, ihrer Energie und ihrer schönen Statur erhielt sie bald immer mehr Aufträge für Werbe-Shootings und TV-Kampagnen.

Die fesche Seniorin liebt diesen Job und die Abwechslung, doch nimmt sie jetzt nur noch Aufträge an, die nicht zu weit von Lübeck entfernt sind. Ihr geliebter Mann Günter muss nach einem schweren Schlaganfall seit einigen Jahren gepflegt werden. Ihn umsorgt Friederike hingebungsvoll und es ist ihr wichtig, ihn nie zu lange allein zu lassen. (AS)

Friederike Garbe,
1945 in Breslau, Polen, geboren, ist Seniormodel und Leiterin des Agape-Hauses in Lübeck.

Wenn Gott ein Geschenk macht, verpackt er es oft in eine Krise.

Unbekannte Verfasserin

Heike Bausch

„Ich wollte einfach alles richtig machen"

Auf Heike kann man sich einfach 100-prozentig verlassen. Sie hat immer ein offenes Ohr. Für jeden, jederzeit. Und das Lieblings-T-Shirt der Tochter liegt immer frisch gewaschen im Schrank. Die Hausaufgaben der vier Kinder hat sie aufmerksam im Blick und trägt sie mit dem vergessenen Turnbeutel den Kindern hinterher zur Schule. Die Zeichenblocks und Schreibhefte sind auf Vorrat gekauft. Das leckere Mittagessen steht auf dem Tisch – immer! Der Vorgarten ist absolut gepflegt und bei der Arbeit erlaubt sie sich keine Fehler. Erst recht nicht als Frau vom Chef!

So und nur so bleibt ihre „kleine Welt" unantastbar. Denkt Heike. Sie ist ihre eigene strenge Punktrichterin und Gesetzgeberin: „Ich höre meinen Kindern immer zu!" „Man kann sich zu 100 Prozent auf mich verlassen." „Wofür ich mich entscheide, das ziehe ich auch durch – komme, was wolle." „Es soll mich jeder mögen."

Sie will doch nur die perfekte Tochter, die perfekte Ehefrau, die perfekte Mutter sein. Ihr System ist in sich logisch. „Wenn ich keine Fehler mache, alles richtig mache, richtig funktioniere – dann bin ich ich", denkt Heike, „dann ist alles in Ordnung. Ich bin, was ich leiste." Bloß keine Fehler machen. Wie furchtbar, wenn es doch mal passiert. „Hilfe, ich versage!", schreit es in ihr.

Die Beine hochlegen, bevor nicht alles erledigt ist, das kommt für Heike nicht infrage! So schaukelt sich Heike immer höher. Bis zum Drehschwindel der Seele.

Nun klopfen die Ängste in Heikes Leben an:

Wenn ich versage, hat mein Mann nicht mehr die starke Frau an seiner Seite.

Wenn ich versage, sind die Kinder nicht mehr stolz, mich als Mama zu haben.

Wenn ich versage, finden mich meine Freundinnen nicht mehr interessant.

Wenn ich versage, können die Arbeitskollegen nicht mehr auf meine Arbeit vertrauen.

Heute kann Heike über solche Denkfallen nur ungläubig den Kopf schütteln. Nach dem großen Zusammenbruch. Der kam nicht Knall auf Fall, sondern schleichend und unaufhaltsam. Der Körper sendet Signale, die Heike erfolgreich überhört. Wie denn auch? Einen Gang runterschalten? Mal fünf gerade sein lassen? Das geht gar nicht. Bis die Seele alle viere von sich streckt. Das „Ich" gibt seinen Geist auf: Heike will niemanden mehr sehen. Und wenn keiner da ist, fühlt sie sich zum Weinen einsam. Einkaufen gehen? Wie denn, wenn man das Haus nicht mehr verlassen kann? Das Leben ist nur noch Last. Sie will daraus verschwinden. Ist sie nicht nur noch Last für die anderen? Als ihr Mann ihr mitteilt, dass er aus Sorge um sie nicht mehr ruhig zur Arbeit fahren könne, lässt sie sich zur Behandlung in eine Tagesklinik bringen. Dort erfährt sie, dass sie an einer schweren Depression erkrankt ist. Es dauert mehrere Wochen, bis sie diese Diagnose akzeptiert.

Krise als Chance – Heike lernt, diese Worte mit Leben zu füllen. Sie durchschaut ihre selbst gemachten Denkfallen. Lernt umzudenken. Neue Gedanken dürfen in ihrem Herzen Raum nehmen. „Ich bin, was ich leiste"? Nein, sondern „Ich bin ich", „Ich bin wertvoll!".

Ein Liedvers rutscht in ihr Herz: „Du bist ein Gedanke Gottes, ein genialer noch dazu. Du bist Du, das ist der Clou" (Jürgen Werth). Wie fühlt sich das denn an? Gut! Ja, richtig gut. (CF)

Heike Bausch,
geb. 1963, vier erwachsene Kinder,
Industriekauffrau, Jena.

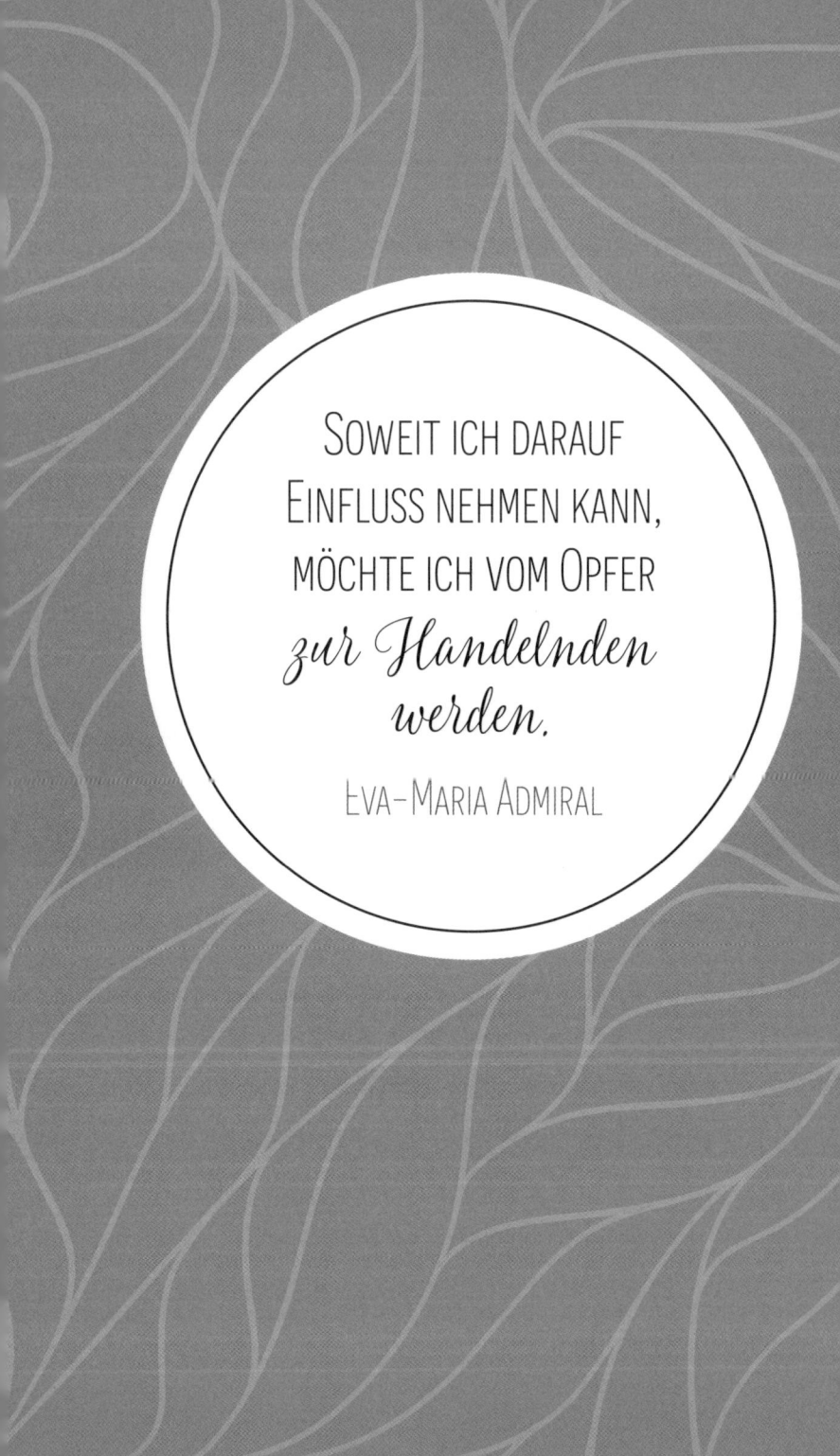

> Soweit ich darauf
> Einfluss nehmen kann,
> möchte ich vom Opfer
> *zur Handelnden*
> *werden.*
>
> Eva-Maria Admiral

Eva-Maria Admiral

Mein Überlebenslauf

Im Internat gibt es einen Naschkasten. Gefüllt mit Süßigkeiten, die die Eltern ihren Kindern schicken. Einmal pro Woche wird er von einer Nonne für zehn Minuten geöffnet. Eva-Marias Fach bleibt all die Jahre leer. „Niemand schert sich einen Dreck um dich. Du bist allein und niemand wird dich vermissen. Du wirst nicht glücklich werden." Mit solchen Sätzen im Kopf kämpft sie noch als erwachsene, erfolgreiche Schauspielerin.

Eva-Maria wird in eine wohlhabende Fabrikantenfamilie hineingeboren. Der Vater ist Firmeneigner in achter Generation. Ein Sohn ist wichtig. An Geld mangelt es nicht, genug auch, um sich die unerwünschte Tochter auf Abstand zu halten: Die Kinderzimmer liegen weitab in einem separaten Kindertrakt. Versorgt wird Eva-Maria von einem Kindermädchen. Sie ist oft allein und hat gleichzeitig panische Angst davor. Sie gibt sich so viel Mühe, gesehen zu werden, Anerkennung zu erfahren. Ganz und gar Leistungstochter schreibt sie im Internat erstklassige Noten, erhält ein Stipendium für die berühmte Pariser Universität Sorbonne. Unter 2 000 Bewerbern wird sie für einen der begehrten zwölf Plätze am Max-Reinhardt-Schauspielseminar in Wien ausgewählt. Später wird sie Ensemblemitglied am Wiener Burgtheater und zur Nachwuchsschauspielerin des Jahres gekürt. Sie schafft viel, nur nicht die Liebe und Anerkennung ihrer Familie zu gewinnen.

Die Internatszeit ist Welten von einer Hanni-und-Nanni-Idylle entfernt. Dreißig Jahre später, als Missbrauchsskandale Kirche und Gesellschaft erschüttern, findet Eva-Maria Worte für ihre Misshandlungen: nächtliches Strafputzen der langen Korridore, willkürliche Kontakt- und Redeverbote für die Mitschülerinnen, sexuelle Übergriffe durch eine Nonne. Androhungen wie: „Du weißt, dass du in der Hölle landest", lassen für das Mädchen einen Gott noch strenger erscheinen als die ohnehin unmenschlich strenge Nonne. Und wie könnte sie einem Gott vertrauen, der zusieht, wie sie an Leib und Seele Misshandlung erfährt?! Eva-Maria verlässt das Internat mit einem Schwur: Nie wieder will sie sich mit Menschen an einen Tisch setzen, die die Worte Gott oder Bibel in den Mund nehmen.

Als ihr Jahre später eine Freundin von Gott erzählt, reagiert Eva-Maria zuerst zornig. Alles in ihr schreit „Nein!". Sie diskutiert. Wehrt sich. Doch Gott holt sie ab. Fängt sie mit seiner bedingungslosen Annahme auf. Und plötzlich ist sie gewiss: Er ist da. Unfassbar nah. Sie saugt seine Liebe auf wie ein trockener Schwamm.

Was liegt nun näher, als ihre große Bühnenleidenschaft in Gottes Dienst zu stellen? Mit ihrem Mann Eric Wehrlin entdeckt sie eine alte Tradition: Schauspiel als Verkündigung. Auf der Bühne wollen sie die Menschen berühren, ihnen Gott nahebringen.

Hat sie nicht selbst erfahren, dass Gott trägt? Befreiung erfahren von der quälenden Warum-Frage: Warum verliere ich meine vier Kinder vor der Geburt? Warum leide ich an dieser unheilbaren, schmerzhaften Darmerkrankung? Warum hat sich die Familie von mir losgesagt und mich vom Erbe ausgeschlossen? Im Rückblick sieht Eva-Maria eine Lebensspur voller Narben, Ängste, Wunden, Verzweiflung. Eines Tages entscheidet sie: Ich will nicht länger ein Produkt meiner Vergangenheit sein. Gott ist ein Gott der Gegenwart. Er schenkt Leben im Hier und Jetzt. Der Blick nach vorn gibt ihr die Gewissheit: Gott wird einmal alle Tränen abwischen. Was für himmlische Aussichten! (CF)

Eva-Maria Admiral,

geb. 1965, Schauspielerin unter anderem am Wiener Burgtheater, seit 1996 selbstständig und weltweit tätig mit Theaterproduktionen und Schauspielseminaren.

Jeder Mensch
KANN ZU JESUS KOMMEN –
AUCH EIN GANZ VERRUFENER.

HELMA BIELFELDT

Helma Bielfeldt

Die Rockerpräsidentin Helma Bielfeldt

Action und heiße Maschinen, Alkoholexzesse und Gewaltorgien – das ist Helmas Welt. Sie ist Rockerin und Präsidentin der *Queens of the Road*. Ein Motorradklub nur mit weiblichen Mitgliedern. Als Präsidentin hat sie Macht und kann bestimmen, wo's langgeht. Sie kann die Fäuste einsetzen und mit harten Stiefeln zutreten.

Gewalt ist die Sprache, die sie von klein auf gelernt hat. Helma ist die Enttäuschung ihrer Mutter: „Das Gör, das ein Junge werden sollte." Gewalt ist Alltag, dazu Entwürdigung mit Worten: „Man muss sich schämen wegen dir!", „Die ist zu blöd und taugt zu nix". Und körperliche Demütigungen: Fußtritte, Ohrfeigen, Faustschläge. Fliegenklatsche, Kochlöffel und eiserner Schürhaken sind der verlängerte Arm der Mutter.

Oft grübelt das kleine Mädchen in seiner Not und Hilflosigkeit, was sie besser machen könnte, um ihre Mutter nicht zu reizen. Sucht die Schuld bei sich. Die Oma ist ihr Zufluchtsort, ihr Trost. Oma erzählt Geschichten, auch von Gott. Sie betet mit ihr, aber die kleine Helma ist davon überzeugt, dass sie „da allein durchmuss". Wo ist denn Omas Jesus, wenn sie in Not ist?

Heute würde man vielleicht Anzeige erstatten. Würde sich ein Mädchen der Lehrerin anvertrauen. Würden Nachbarn hellhörig und handeln. Hoffentlich! Aber in einem kleinen Dorf der 1960er-Jahre? Als sie älter wird, verbirgt Helma ihre Not und Verletzung unter einer rauen Schale. Bevor ihr andere zu nahe treten, schlägt sie zu. Schon früh verschafft sie sich auf dem Schulhof mit ihren Fäusten Respekt.

Eines Tages wird Helma als Beifahrerin zu einer Motorradfahrt eingeladen. Das ist für sie der Kick! Ihre Sorgen fliegen mit dem Fahrtwind davon. Helma taucht ins Biker-Milieu ein und findet Anerkennung und eine Familie der besonderen Art. Sie ist nicht mehr das ungewollte Gör. Ungeschminkt, lässig gekleidet und derb im Auftreten, so wird Helma bei den Bikern akzeptiert. Nun ist sie wer. Saufgelage und Schlägereien sind Alltag. Der Preis ist hoch: Helma stumpft emotional immer mehr ab.

Ihre Beziehungen zu Männern sind von Gewalt und Misstrauen geprägt. Auch ihre erste Ehe, eingegangen in der Hoffnung auf Liebe und Geborgenheit, wird zur Katastrophe. Die starke Helma lässt sich brutal verprügeln. Und schweigt. Nur mit Mühe schafft sie den Ausstieg.

Heute kann Helma anderen Menschen vertrauen und hat gelernt zu lieben. Sie schlägt nicht mehr zu. Ihr Herz ist weich geworden. Kann ein Mensch sich wirklich so verändern? Es ist eine fast unglaubliche Geschichte: Wie zufällig blättert sie bei ihrem neuen Freund durch die Bibel und bleibt bei einer Jesusgeschichte hängen, die ihre Oma ihr als Kind oft erzählt hat. Fast körperlich spürt sie die Anwesenheit von Jesus, fühlt sich von Liebe durchströmt. Es ist, als würde Jesus sie in den Arm nehmen. Später sprechen alte Freunde von Gehirnwäsche, von Sekte. Helma ist 34 Jahre alt, sie hat zwei Kinder. Sie erfährt die Liebe Gottes trotz ihrer Gehässigkeit und Arroganz.

Helmas Motorradliebe ist geblieben, der Fahrstil hat sich verändert. Sie und ihr Mann sind Mitglieder in einem Motorradklub mit himmlischem Auftrag: Der *MC Holy Riders Germany* fährt heiße Maschinen und verteilt keine Prügel, sondern die Biker-Bibel. Eine wirklich gute Alternative!

(CF)

Helma Bielfeldt,

geb. 1963, viele Jahre Präsidentin eines Motorradklubs. Heute gehört sie zu den *MC Holy Riders Germany*.

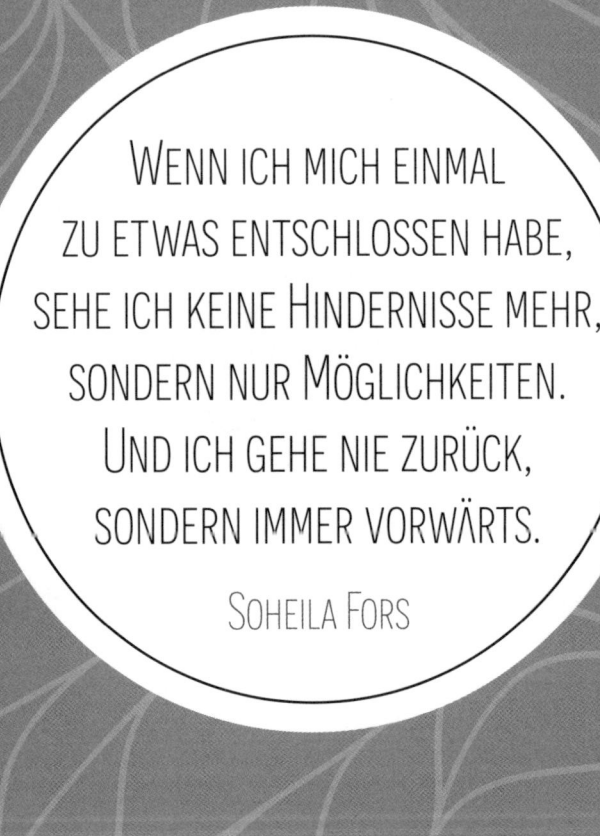

Wenn ich mich einmal
zu etwas entschlossen habe,
sehe ich keine Hindernisse mehr,
sondern nur Möglichkeiten.
Und ich gehe nie zurück,
sondern immer vorwärts.

Soheila Fors

Soheila Fors

Heute ist die Liebe ihre Waffe

„Mein Name ist Mah Doht Soheila Davodian Gilan Kalhor Fors …" Mah Dot – Mondtochter. Ein Name wie ein Gesang aus einem orientalischen Märchen.

Und wie in einem orientalischen Märchen beginnt ihr Leben auch: Soheila ist eine kurdische Prinzessin, Nachfahrin einer sehr begüterten Familie mit einer tausendjährigen Geschichte. In der Welt ihrer Kindheit wird der Iran noch vom Schah regiert – ein Umstand, der bald sehr dunkle Schatten über ihr behütetes Leben wirft.

Als Kind ein Wildfang und schon als kleines Mädchen nicht bereit, sich den strengen Konventionen zu beugen, denen Frauen im Orient unterliegen, ist sie in ihrem Freiheitsstreben der Augapfel ihres Vaters, der sie liebt und verwöhnt. Mit sieben findet sie in Pippi Langstrumpf ihr großes Vorbild. Mit acht steht sie im Garten unter einer Dattelpalme und ruft: „Wo ist Gott? Ich will ihn finden." Die konventionellen Antworten, die ihre Mutter und die Koranschule ihr bieten, reichen ihr nicht aus.

In einer Welt, in der eine Frau so viel Freiheit hat, wie die Männer ihrer Familie ihr gestatten, unterstützt der westlich orientierte, gebildete Vater sie in ihrem Wunsch nach Unabhängigkeit. „Er war die große Lichtgestalt meiner Kindheit", sagt sie. Aber diese Sonne geht unter, als der geliebte Vater von der gefürchteten Geheimpolizei des Schahs verhaftet wird.

Soheila muss ihren eigenen Weg finden. Mit dreizehn ist sie Mitglied einer kommunistischen Untergrundzelle, kämpft erst gegen den Schah, später gegen die Mullahs. Sie muss die Verantwortung für die Frauen ihres Stammes übernehmen, die sich monatelang vor dem Kriegsgeschehen zwischen Iran und Irak in Berghöhlen verbergen. Mit einer Kalaschnikow kann sie umgehen. Aber sie trägt auch Gift bei sich.

Die Kriegsjahre rauben ihr ihre Jugend und auch das Vertrauen in die kommunistische Partei. Aber die Frage „Wo ist Gott? Wer ist er?" hat sie noch nicht losgelassen. Doch die Antworten, die das Mullah-Regime zu bieten hat, flößen ihr Entsetzen ein.

Mit siebzehn will die Familie sie verheiraten. Soheila widersetzt sich und wählt selbst einen Ehemann – eine Wahl, die zwar ihre eigene ist, die sie aber bald bitter bereut. Sie wird zur Ehesklavin eines arbeitsscheuen und gewalttätigen Mannes und seiner Familie. Soll sie ihn verlassen? Nein, denn sie fürchtet, dann ihre beiden Kinder zu verlieren.

Nach Leidensjahren wandert sie nach Schweden aus – mit dem ungeliebten Mann. Es ist ein Kulturschock. Von Gott will sie mittlerweile nichts mehr wissen. Ist er nicht an all ihrem Elend schuld? Dreimal versucht sie, sich das Leben zu nehmen. Sie ist 26 Jahre alt.

Ein nächtliches Erlebnis leitet die Wende in ihrem Leben ein. Jesus begegnet ihr in einer Vision. Die große Lebenslast fällt von ihr ab und sie empfindet wieder Kraft und Freude. Es ist „eine Totalsanierung an Leib und Seele".

Mit 31 findet Soheila ihren zweiten Mann und damit ihr neues Leben. Weil sie selbst erlebt hat, wie einsam man sein kann, wenn man aus einer Kollektivkultur plötzlich in einer individualistischen Welt leben muss, beginnt sie, Begegnungsstätten für Migrantinnen zu gründen: Teehäuser und kleine Arbeitsinitiativen. Die bitteren Erfahrungen in ihrer Ehe veranlassen sie, ein Schutzhaus für Menschen zu gründen, die von Ehrengewalt bedroht sind. Soheila erhält zahlreiche Anerkennungspreise für ihr bürgerschaftliches Engagement.

Woher nimmt sie die Kraft für ihr Engagement? „Nun, meine Kraftquelle im Kampf gegen das Böse ist die Liebe. Es gab eine Zeit, da habe ich mit der Kalaschnikow gekämpft. Ich bekämpfte Hass mit Gegenhass. Doch seit ich Jesus kenne, ist die Liebe meine Waffe." (Renate Hübsch)

Soheila Fors,
geb. 1967, Frauenrechtsaktivistin, Autorin und Gründerin der Khatoon-Stiftung für Migrantinnen.

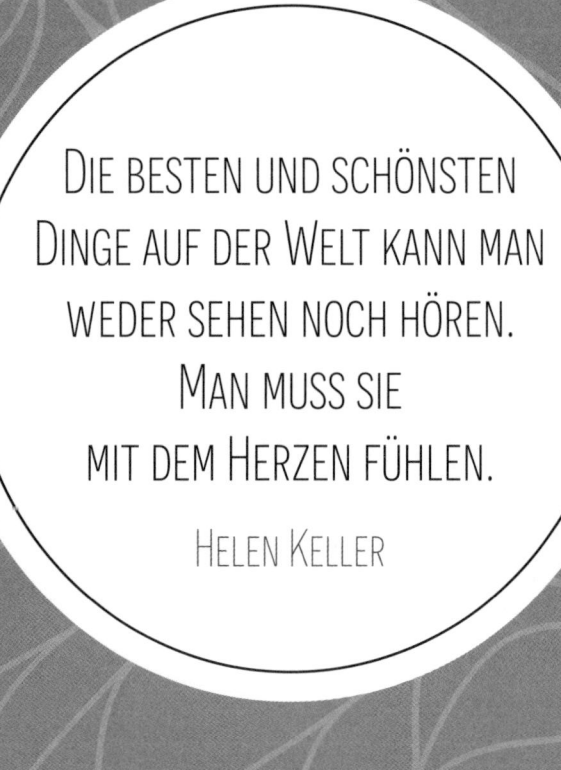

Die besten und schönsten Dinge auf der Welt kann man weder sehen noch hören. Man muss sie mit dem Herzen fühlen.

Helen Keller

Helen Keller

Engel der Blinden

Seit Helen als 19-monatiges Baby nach einer Hirnhautentzündung ihr Seh- und Hörvermögen verliert, gelingt es niemandem mehr, in das sprachlose Dunkel des Mädchens vorzudringen. Oft ist die kleine Helen furchtbar frustriert, fühlt sich unverstanden, ausgeschlossen und bekommt Wutausbrüche. Als sich ihre liebende Familie nicht mehr zu helfen weiß, wendet sie sich an das *Perkins Blindeninstitut* in Boston mit der Bitte um eine Hauslehrerin. So kommt schließlich „Annie" nach Tuscumbia, Alabama, und versucht, Licht in Helens Leben zu bringen.

Noch gibt es wenig Erfahrung im Unterricht taubblinder Menschen, daher verlässt sich Annie auf ihre Intuition. Wie hörende Kinder schon von Sprache umgeben sind, bevor sie selbst sprechen können, setzt die Lehrerin Helen unablässig Worten aus – indem sie dem Mädchen jeden Begriff in die Hand buchstabiert. Und es funktioniert! An einem Frühlingstag im Jahr 1887 „begreift" das taubblinde Mädchen zum ersten Mal, wie die Gegenstände, die sie fühlt, mit dem zusammenhängen, was ihre Hauslehrerin ihr in die Hand buchstabiert. Helen blüht auf, ihr Wissensdurst ist geweckt und von nun an löchert sie „Teacher" Anne Sullivan von früh bis spät, um ihre dunkle Welt mit Worten und Bedeutung zu füllen.

In kürzester Zeit erlernt sie das Fingeralphabet, die sogenannte Quadratschrift und das Braille-Alphabet und kann Texte aus erhaben geprägten Druckbuchstaben lesen. Indem sie ihre Hand auf den Mund sprechender Menschen legt, lernt sie die Lippenbewegungen zu den einzelnen Wörtern kennen und schafft es sogar selbst, ihre Stimme einzusetzen und zu sprechen. Als Helen ihre ersten Worte ihrer Familie vorträgt, werden ihre Eltern von Freudentränen und Stolz überwältigt.

Von Ehrgeiz gepackt, lässt sich Helen Keller nicht aufhalten. So studiert sie als erste Taubblinde überhaupt an einem normalen College in einer Zeit, in der noch kaum Fachliteratur in Blindenschrift vorliegt. Es sind vier mühevolle Jahre, in denen Annie ihr die Vorlesungen simultan in die Hand „übersetzt" und aus Büchern „vorliest". 1904 schließlich triumphiert Helen und schreibt mit ihrem hart erarbeiteten *Bachelor cum laude* Geschichte.

Nach ihrem Studium beginnt sie für die *Massachusetts-Kommission für Blinde* zu arbeiten. Bald wird sie zu einer international angesehenen Autorität für Blinde. Sie unternimmt unzählige Vortragsreisen in insgesamt 40 Länder, berichtet von ihrer Ausbildung, demonstriert mit Annie das Fingeralphabet und das Lippenlesen. Dabei leistet sie immer wieder notwendige Aufklärungsarbeit für die oft unterschätzten Blinden und stärkt das Selbstbewusstsein der Betroffenen in aller Welt.

Helens beeindruckendes Vorbild paart sich mit ihrem unermüdlichen Engagement, die Lebensumstände Blinder zu verbessern. Auch ihrem Einsatz ist es zu verdanken, dass 1932 die vier verschiedenen Braille-Schriften endlich vereinheitlicht werden. Mit ihren Büchern, Vorträgen und der von ihr gegründeten Blindenorganisation *Helen Keller Internatio-*

nal reicht die Strahlkraft des „Engels der Blinden" weit über ihren Tod im Jahr 1968 hinaus. (AS)

Helen Keller,
1880–1968, taubblinde amerikanische Schriftstellerin und Kämpferin für die Blinden.

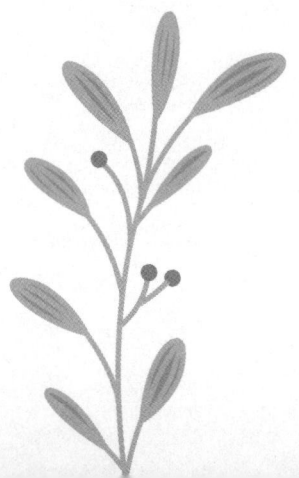

> Lasst euch von niemandem einreden, dass ihr zu jung seid oder die Dinge nicht versteht! Wir Kinder machen zwar nur 25 Prozent der Weltbevölkerung aus, aber gleichzeitig sind wir zu 100 Prozent die Zukunft!
>
> Isabel und Melati Wijsen

Isabel und Melati Wijsen

Bye Bye Plastic Bags

„Wenn nicht wir, wer dann? Wenn nicht jetzt, wann dann?" Diese Frage bewegte die Schwestern Melati und Isabel Wijsen – und motivierte sie schließlich zum Handeln.

Die Wijsen-Schwestern leben auf Bali, einer indonesischen Insel, die für paradiesische Landschaften und herrliche Strände bekannt ist. Doch seit einigen Jahren steht Bali vor einem schwerwiegenden Umweltproblem: Indonesien ist nach China der weltweit größte Plastikmüllproduzent und verantwortlich für zehn Prozent der gesamten Plastikverschmutzung im Meer. Natur, Ozeane und Tiere versinken geradezu im weggeworfenen Plastik.

Melati und Isabel hörten in einer Unterrichtsstunde ihrer „Green School" von Menschen in der Geschichte, die Großes bewirkt hatten. Von diesen Vorbildern herausgefordert, beschlossen die damals Zehn- und Zwölfjährigen, dass auch sie einen Unterschied in der Welt machen wollten. Und zwar nicht erst, wenn sie erwachsen sein würden, sondern jetzt und hier. Am selben Abend wurde auf dem Sofa die Idee geboren, dass sie für ein plastikfreies Bali kämpfen wollten.

Nach einiger Recherche begannen die Mädchen mit einer Online-Petition, um die Regierenden zum Handeln zu bewegen. Melati und Isabel hielten Vorträge in Schulen, auf

Konferenzen, auf lokalen Märkten und Festivals, um die Balinesen für das Umweltproblem zu sensibilisieren. Und sie organisierten Müllsammelaktionen an Stränden. Mit anderen Kindern und Unterstützern riefen sie 2013 die Initiative *Bye Bye Plastic Bags* (BBPB) ins Leben.

Doch bei der Politik waren die Aktivistinnen mit ihrem Ziel, Bali plastikfrei zu machen, noch nicht auf offene Ohren gestoßen. Inspiriert von Mahatma Gandhi entschlossen sich die Schwestern schließlich zu einem Hungerstreik – in Absprache mit einer Ernährungsberaterin – täglich von Sonnenauf- bis Sonnenuntergang. Bereits nach wenigen Tagen lenkte der Gouverneur von Bali ein. Tatsächlich stimmte er schriftlich zu, Bali ab 2018 zu einer plastikfreien Insel zu machen. Isabel und Melati hatten ihr erklärtes Ziel erreicht!

Bis es so weit war, bewegten die Aktivistinnen das Dorf Pererenan mit 800 Familien, als Pilotprojekt plastikfrei zu werden. Sie überzeugten die Bewohner davon, auf Plastiktüten zu verzichten, und verteilten Tausende Taschen aus Netz, Stoff und recycelten Zeitungen als Alternative. Das Projekt verlief erfolgreich. Und tatsächlich erließ der Gouverneur am 24. Dezember 2018 ein Verbot für Einwegplastik auf Bali, das 2019 in Kraft trat.

Längst ist die Bewegung der Wijsen-Schwestern über die Grenzen von Bali hinausgeschwappt: Durch Auftritte bei internationalen Konferenzen wie der UNO, dem Weltwirtschaftsgipfel in Davos oder TED-Talks sowie durch Umweltpreise erlangten sie weltweite Aufmerksamkeit. Auch gibt es mittlerweile 25 Teams von BBPB in anderen Ländern, die Plastikmüll bekämpfen.

Immer wieder richten Melati und Isabel – mittlerweile junge Frauen – die Botschaft an die Kinder dieser Welt: „Lasst euch von niemandem einreden, dass ihr zu jung seid oder die Dinge nicht versteht! Wir Kinder machen zwar nur 25 Prozent der Weltbevölkerung aus, aber gleichzeitig sind wir zu 100 Prozent die Zukunft!" (AS)

MELATI WIJSEN UND ISABEL WIJSEN,
2000 und 2002 auf Bali geboren, Umweltaktivistinnen gegen Plastikmüll und Gründerinnen der Organisation Bye Bye Plastic Bags.

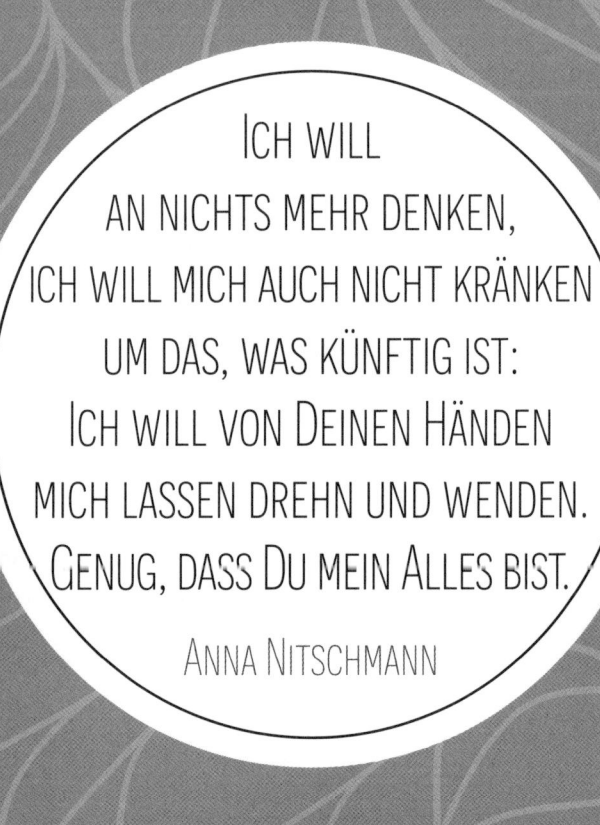

Ich will
an nichts mehr denken,
ich will mich auch nicht kränken
um das, was künftig ist:
Ich will von Deinen Händen
mich lassen drehn und wenden.
Genug, dass Du mein Alles bist.

Anna Nitschmann

Anna Nitschmann

Das Leben feiern

Wir schreiben das Jahr 1725. Die zehnjährige Anna ist mit ihrer Familie auf der Flucht. Mühsam und gefährlich ist ihr Weg aus Mähren im heutigen Tschechien nach Sachsen. Die Flüchtlinge haben erfahren, dass dort Verfolgte aufgenommen werden. Drei Wochen wandert Annas Familie durch den eisigen Winter, bis sie völlig entkräftet 1725 an die Pforten eines Siedlungshauses der Herrnhuter Brüdergemeine klopft. Die Eltern haben von dieser besonderen Gemeinschaft gehört, in der so manches anders ist, in der man das Los wirft, um Gottes Weisung zu erfahren, in der alle Menschen als gleich angesehen werden.

Annas Familie gehört zur Glaubensgruppe der „Böhmischen Brüder", einer reformatorischen Bewegung der Anhänger von Jan Hus, die nur im Untergrund ihren Glauben leben können. Je mehr sie verfolgt werden, umso treuer glauben die Tapferen, die sich heimlich in ihren Häusern treffen. Es ist Kirche auf der Küchenbank. Da verschwinden die Unterschiede zwischen Männern und Frauen, Armen und Reichen, Alten und Jungen. Anna berichtet später, dass sie in ihrer böhmischen Heimat schon als Kind in Versammlungen laut betete. Sie hörte Laien, Männer und Frauen, predigen. Aber nachdem ihr Vater David mehrmals inhaftiert wird, ergreift die Familie wie andere vor ihnen die Flucht.

Schon bald übernimmt das zehnjährige Mädchen in der Herrnhuter Gemeinschaft Aufgaben und wächst erstaunlich schnell in Leitungsämter hinein. Gerade vierzehn, wird sie „Ältestin" aller Frauen in der Herrnhuter Brüdergemeine. Das junge Mädchen hat Verantwortung für die seelsorgerliche Betreuung aller (!) Frauen und ist die Vertreterin der Frauen im Leitungskreis. Das „Los" war auf Anna gefallen – und so wird aus der armen, ungebildeten jungen Bauerstochter eine Leitungspersönlichkeit, die dreißig Jahre diese außergewöhnliche Gemeinschaft prägen wird – im In- und Ausland.

Anna mag jung sein, aber sie ist mutig und ihr Kopf und Herz stecken voller Ideen. Mit siebzehn anderen Mädchen gründet sie in der Brüdergemeine einen „Jungfernbund". Sie bekommen ein eigenes Haus auf dem Gelände, leben nach klosterähnlichen Regeln, aber nur fast. Denn eine „Streiterehe" erwartet sie durchaus. Die Herrnhuter Gemeine braucht engagierte Ehepaare für neue Projekte rund um den Globus. Zweimal fällt das Los auf Anna als auserwählte Ehefrau, und zweimal gefällt ihr der Gedanke zu heiraten gar nicht. Zum Glück darf sie auch Nein sagen – und sich über ihre Freiheit freuen, wie sie ihr Ledigsein empfindet.

Als streitlustig und ehrgeizig bezeichnen sie andere. Da kann es unter einer Haube schnell zu eng werden. Den Schritt traut sie sich erst als über Vierzigjährige, als sie die zweite Frau des verwitweten Nikolaus wird.

Der Gründer der Herrnhuter Brüdergemeine, Nikolaus Ludwig von Zinzendorf, geht mit der jungen Anna ganz neue Wege: Frauen werden als Priesterinnen ordiniert – ein damals für die Kirchen revolutionärer Akt.

Anna betritt auch bei ihren Reisen Neuland. Sie reist 1740 nach England und in die USA, um dortige Gemeindegründungen zu begleiten. Auch dort ist die junge Frau als Predigerin tätig, was für heftige Unruhe sorgt.

Sicherlich ist Anna neben Nikolaus Ludwig von Zinzendorf die wichtigste Leitungspersönlichkeit der Herrnhuter Brüdergemeine. Nach ihrem Tod spielte man ihre herausragende, führende Rolle herunter, viele ihrer Schriften wurden bewusst vernichtet. (CF)

Anna Nitschmann,
1715–1760, Priesterin, Generalältestin der Herrnhuter Brüdergemeine, Herrnhut/Sachsen.

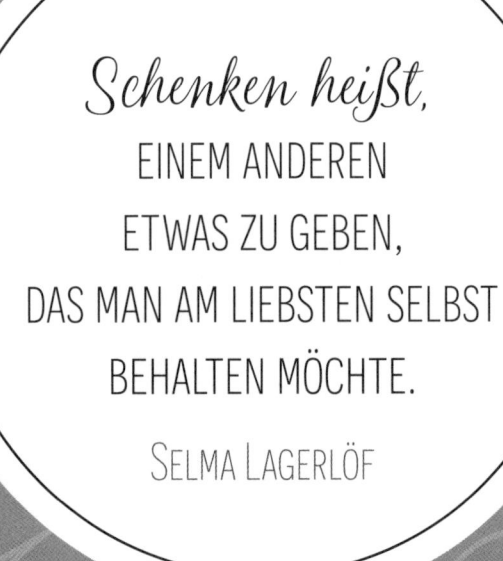

Schenken heißt,
EINEM ANDEREN
ETWAS ZU GEBEN,
DAS MAN AM LIEBSTEN SELBST
BEHALTEN MÖCHTE.

Selma Lagerlöf

Selma Lagerlöf

„Ich bin eine Zuhörerin"

Es gab einmal einen Bergsee oben an der norwegischen Grenze. Daraus floss ein kleiner Fluss, der von Anfang an widerspenstig und wild war. So klein, wie er war, wurde er Storån genannt, weil er so aussah, als ob etwas Großes aus ihm werden könnte.

Auf dem Rücken einer Wildgans fliegt der in ein Wichtelmännchen verzauberte bösartige Hirtenjunge Nils Holgersson über die schwedische Landschaft. Im Laufe der Erzählung erlebt er eine wundersame innere Läuterung und Wandlung.

1902 erhielt die Lehrerin Selma Lagerlöf vom nationalen Lehrerverband den Auftrag, für die Volksschulen ein Lesebuch über die geografische und kulturelle Größe Schwedens zu verfassen. Das Ergebnis wurde ihr Meisterwerk „Die wunderbare Reise des kleinen Nils Holgersson mit den Wildgänsen", ein Kinder- und Jugendbuch, das auch nach über hundert Jahren seine Faszination für alle Generationen nicht verloren hat.

In ihrer glücklichen Kindheit auf dem elterlichen Gut Mårbacka hat Selma die Geschichten, Fabeln, Märchen und Legenden – erzählt von der geliebten Großmutter und den Eltern – tief in sich aufgenommen. Trunkenbolde, Landstreicher, verarmte Soldaten – es herrscht ein buntes Treiben in diesen Erzählungen. Das formt Selmas Sprache, Vorstellungen und Sehnsüchte. Später wird die größte Schriftstellerin Schwedens bescheiden sagen: „Ich bin eine Zuhörerin, eine Wiedererzählerin." In sie hineingelegte Geschichten und ihre eigene Kindheit auf dem Gut lassen sie in einem umfangreichen schriftstellerischen Werk wiedererstehen. Die Schönheit ihrer Heimat, aber auch die großen menschlichen Themen wie Schuld, Versöhnung und Liebe, Tod und Krankheit, Geborgenheit und Verlust – all das treibt Selma ein Leben lang um. Damit sind ihre Geschichten den Sehnsüchten der Menschen nahe.

Nach dem Unterricht durch Gouvernanten besucht Selma in Stockholm das Lehrerinnenseminar. Ihre Familie ist mittlerweile verarmt, das geliebte Gut Mårbacka völlig verschuldet, verkauft. Selma muss und will finanziell unabhängig sein. Sie wird eine begeisterte Lehrerin: „Dass die Kinder vor Interesse glühen und die Zeit fliegt, ist mein einziges Vergnügen, mein höchster Ehrgeiz."

Ihr Erstlingswerk „Gösta Berling", das sie kapitelweise in einer Zeitschrift veröffentlicht, ist zunächst ein Misserfolg. Niemand ahnt, dass dieses Buch noch heute zu den meistgelesenen schwedischen Büchern gehören wird. Selma bleibt als Lehrerin tätig, obwohl sie den Traum der freien Schriftstellerin in sich trägt.

Nach der Verleihung des Literaturnobelpreises, den sie als erste Frau überhaupt erhält, kehrt Selma 1909 als wohlhabende Preisträgerin an ihren Sehnsuchtsort, das verlorene Gut Mårbacka, zurück. Sie erwirbt es wieder, baut es nach eigenen Plänen aus und macht es zu einem florierenden Wirtschaftsgut. Selma adoptiert einen kleinen Jungen, der zufällig den Namen „ihres" Nils Holgersson trägt.

Schon 1933 engagiert sie sich für die Rettung jüdischer Flüchtlinge. So verhilft sie der deutsch-jüdischen Schriftstellerin Nelly Sachs, die 1966 ebenfalls den Nobelpreis für Literatur erhalten wird, zur Flucht nach Schweden. Zur Linderung der Not während des Zweiten Weltkriegs stiftet Selma ihre Nobelpreis-Medaille. (CF)

Selma Lagerlöf,
1858–1940, Lehrerin, Schriftstellerin, Literaturnobelpreisträgerin, Värmland/Schweden.

Mit meinem Gott kann ich über Mauern springen.

Nach Psalm 18,30

Else Beitz

Keine Ausreden

Bitte keine Ausreden! Sag nicht: „Da kann man doch nichts machen! Ich kann doch nicht die ganze Welt retten! Ich bin zu jung! Ich bin zu alt!"

Schauen wir auf eine Frau wie Else Beitz. Sie ist 22 Jahre alt – da ist man doch noch viel zu jung, um Juden zu retten. Und mit 54 Jahren ist man doch auf jeden Fall viel zu alt, um das Abitur nachzuholen. Und dann noch ein Studium anfangen!? Und nach den ersten Scheinen sogar noch einmal das Studienfach wechseln? Und mit 73 Jahren promovieren?! Wer tut sich so etwas an? Tu, was du tun kannst und tun sollst; wozu dein Herz und dein Kopf in der Lage sind – vielleicht hätte Else das erwidert.

Mit neunzehn Jahren heiratet Else Berthold Beitz. In Galizien (Polen) arbeitet Berthold im Ölgeschäft und stellt sich dort während des Zweiten Weltkriegs der tödlichen Bedrohung für die Juden entgegen. Mutig und klar mit Else an seiner Seite. Berthold rettet 1500 Juden das Leben, indem er sie als „unabkömmlich für die Produktion" erklärt. Was für ein Mann, der mit noch nicht einmal dreißig Jahren vor den Augen der SS verplombte Viehwaggons aufreißt und die verängstigten Menschen herausholt. Derweil versteckt die junge Else jüdische Kinder und ihre Mütter in der Dienstvilla. Ob die Erkenntnis von Perikles schon damals ihr gemeinsamer Satz ist? „Das Geheimnis des Glücks ist die Freiheit, und das Geheimnis der Freiheit ist der Mut."

Diese Seite der Beitz' dringt erst spät an die Öffentlichkeit. 1973 wird Berthold in Israel in der Gedenkstätte Yad Vashem als „Gerechter unter den Völkern" geehrt. Es dauert noch einmal über dreißig Jahre, bis auch Else Beitz 2008 diese Ehrung zuteilwird.

Über siebzig Jahre gehen Else und Berthold Beitz Seite an Seite durchs Leben: „Was sie sind, sind sie gemeinsam", sagen die Leute. Mit Stolz und Selbstbewusstsein treten sie auf. Mit Perlenkette und feinem Tuch. Eleganter Dreiteiler der Gatte. Edles Kostüm die Dame des Hauses. Wie es sich gehört für „die da oben". Immerhin ist Berthold einer der mächtigsten Manager der Nachkriegszeit, der Generalbevollmächtigte von Krupp. Lange Zeit hat die Öffentlichkeit nur diese Seite der beiden gesehen – auch kritisch.

Nach fast vierzig Jahren Ehe reift in Else ein „verrückter" Gedanke. Drei Töchter hat sie großgezogen, Vokabeln abgefragt, mathematische Formeln mit ihnen gepaukt, hat bei den Abiturprüfungen mit ihnen gebangt: „Ich könnte es doch selbst probieren." Mit 54 Jahren noch einmal die Schulbank drücken? Warum nicht?! Mit 58 besteht sie das Abitur und geht an die Universität zum Studium der Psychologie, um dann zu den Erziehungswissenschaften zu wechseln. Und weil sie gerade so gut drin ist, schließt sie nach dem Diplom die Promotion an. Ihre Doktorarbeit wird mit „summa cum laude" bewertet, das ist mehr als sehr gut.

Bei der letzten großen Ehrung, die ihr zugesprochen wird, dem Bundesverdienstkreuz am Bande, ist Else schon zur Seite getreten, abgetreten in eine andere geistige Welt. Eine schwere Demenzerkrankung bestimmt ihre letzte Lebensetappe. Der Ministerpräsident verleiht die Ehrung und Else schaut in die Ferne. Alle dürfen es sehen. Berthold versteckt sie nicht. Sie gehört zu ihm und er zu ihr. (CF)

Dr. Else Beitz,
1916–2014, Erziehungswissenschaftlerin, Essen.

Wenn man *mit Flügeln geboren* wird, sollte man alles dazu tun, sie zum Fliegen zu gebrauchen.

Florence Nightingale

Florence Nightingale

Ein Engel für die Verlassenen

Leben in Saus und Braus und ein süßes Partyleben – das scheint Florence Nightingales Schicksal zu sein. Vater William ist Erbe eines großen Vermögens, genug, um mit der ganzen Familie dem Müßiggang nachzugehen. Man lässt arbeiten. Lebensinhalt für die Mutter, Fanny, ist es, eine herausragende Position im gesellschaftlichen Leben und eine „glänzende Partie" für die beiden Töchter zu finden. Zum Entsetzen der Eltern schlägt Florence beides aus. Sie ist eine Schönheit und die Verehrer liegen ihr zu Füßen, doch die Etikette und der Prunk öden sie an. Sie folgt einer anderen Stimme: „Ich will – nein, ich muss – etwas Nützliches tun. Lieber will ich sterben, als in diesen langweiligen Salons herumzusitzen", vertraut sie ihrem Tagebuch als junges Mädchen an.

Florence entdeckt die bittere Armut in der englischen Bevölkerung. Sie ist schockiert, dass ein armer Landarbeiter für 14 Jahre in die Verbannung nach Australien geschickt wird, weil er Bohnen gestohlen hat. Viele Menschen leben im Elend, wenige in unermesslichem Reichtum. Florence ist empört. Aber was kann sie tun? Während einer Grippeepidemie pflegt sie das Hauspersonal. Was für eine Erfahrung! Gutes tun, helfen, Mut zusprechen – jetzt erlebt Florence eine ungeahnte innere Lebendigkeit. Ihre Liebe zu den Menschen verbindet sich mit ihrem scharfen Verstand. Sie verfügt über eine herausragende mathematische Begabung. Sie entdeckt, dass Statistik und Organisationsabläufe sie faszinieren. Mit siebzehn Jahren zeichnet sie Baupläne für Krankenhäuser, bastelt an fiktiven Arbeitsabläufen auf Krankenstationen und ahnt nicht, dass sie einmal als Mitbegründerin eines professionellen Krankenhauswesens und des Berufsstandes der Krankenschwester in die Geschichtsbücher eingehen wird.

In dieser Zeit erlebt sie eine göttliche Berufung: „Was werdet ihr mit eurem Leben anfangen? Was werdet ihr tun – für eure Mitmenschen?" Jahre vergehen, ehe sie die Kraft und den Mut hat, Widerstände und Konventionen zu überwinden, um diese Berufung zu leben. Es ist ein harter Weg, denn Frauen ihres Standes dürfen keinen Beruf ausüben, erst recht nicht den einer Krankenschwester. Krankenpflege gilt als unehrenhafte Tätigkeit.

1851 reist sie nach Deutschland und macht eine Kurzausbildung in Kaiserswerth (Düsseldorf) bei Pastor Theodor Fliedner, der gemeinsam mit seiner Frau in Deutschland ein Diakonissenmutterhaus und Krankenanstalten gegründet hat und als Pionier der beruflichen Krankenpflege gilt.

1854 reist sie, beauftragt vom Kriegsminister, mit 38 Frauen in die Türkei ins Lazarett der englischen Soldaten des Krimkrieges. Dort sterben unversorgt mehr Soldaten an ihren Wunden, durch Typhus, Cholera und Kälte als auf dem Schlachtfeld. Mit ihrem Organisationstalent und gegen den erklärten Widerstand des Militärs retten sie und ihre Begleiterinnen vielen Soldaten das Leben. Allein in den ersten Monaten versorgen sie 10 000 Soldaten. Von einer langen Krankheit gezeichnet, aber als Heldin verehrt, kehrt sie zwei Jahre später nach England zurück. Sie nutzt ihre Popularität und kämpft bis an ihr Lebensende für eine moderne Krankenpflege und Gesetze zur Gesundheitsvorsorge. Sie schreibt viele Bücher, gründet Krankenhäuser und Pflegefachschulen. Was kann ein Mensch allein schon tun? Ziemlich viel! (CF)

Florence Nightingale,
1820–1910, Krankenschwester, Statistikerin, Begründerin der modernen Krankenpflege. Inspirierte Henry Dunant zur Gründung des Roten Kreuzes.

Die kleinen Dinge,
die Menschen tun,
zeigen Wirkung. Das wird
auf Dauer den Unterschied machen.
Meine kleinen Dinge bestehen darin,
dass ich Bäume pflanze.

Wangari Maathai

Wangari Maathai

Mutter der Bäume

Die kleine Wangari muss hart arbeiten, wie die meisten Mädchen und Frauen in Afrika. Aber zum Glück hat sie Unterstützer in ihrem jungen Leben. Das wenige, was ihr Vater verdient, steckt er in die Schulbildung seiner sechs Kinder. Wangari besucht ein katholisches Internat. Eine Schwester erkennt ihr naturwissenschaftliches Talent und fördert sie. Sie erhält einen der wenigen Studienplätze für junge Kenianer in den USA. Ihr Kulturschock wird in einem Benediktinerinnen-College aufgefangen. Wangari macht zügig und mit hervorragenden Noten ihren Master in Biologie.

Heimweh und Verantwortungsgefühl ziehen sie nach Kenia zurück. An der Universität von Nairobi wird sie Assistentin bei einem deutschen Professor und erhält ein Doktoranden-Stipendium für Deutschland. Vor ihrer Abreise heiratet sie Mwangi Maathai, einen international ausgebildeten Kenianer. Sie forscht im Labor, erwandert den Bayerischen Wald, besucht regelmäßig die katholische Messe und betrachtet mit neugierigem Abstand die Studentenbewegung.

Zurück in Nairobi erlangt sie 1971 als erste Frau in ganz Ostafrika einen Doktortitel! 1977 wird sie zur ersten Professorin ernannt. Doch Wangari ist schockiert über die Ungleichbehandlung von Frauen und Männern und engagiert sich im Nationalen Frauenrat. Auch persönliche leidvolle Erfahrungen machen sie noch entschlossener in ihrem Kampf für die Rechte der Frauen. Ihr alkoholkranker Mann hält es nicht aus, dass seine Frau erfolgreicher ist als er. Traurige Berühmtheit erlangt seine Begründung für die Scheidung: „Wangari ist zu gebildet, zu stark, zu erfolgreich, zu eigensinnig und zu schwer zu kontrollieren." Wangari erzieht von nun an ihre drei Kinder allein.

Als Naturwissenschaftlerin erkennt sie die Bedrohung durch die Abholzung, die in Kenia Dürre, Hunger und Tod bringt. Wangari wird zur „Mutter der Bäume". Sie gründet das „Green Belt Movement" („Grüngürtel-Bewegung"). Die Idee ist einfach: Junge Bäume werden als „Grüne Gürtel" um Gebäude und Ansiedlungen gepflanzt. Bäume bedeuten Leben. Aber sie müssen gehegt und gepflegt werden wie Kinder. Wer könnte das besser als die Frauen?

Der Green-Belt-Erfolg ist auch deshalb ein Erfolg, weil die Bewegung die Frauen gewinnt. Bis heute hat die Grüngürtel-Bewegung in Afrika über vierzig Millionen Bäume gepflanzt! Wangari wird mit vielen internationalen Preisen bedacht – und das ist ihre Lebensversicherung. Denn sie kämpft gegen einen korrupten Staat.

Gern würde die kenianische Regierung sie aus dem Weg räumen: „Die weltweite Unterstützung war definitiv ein Grund, warum ich nicht wie so viele andere in den Folterzellen gelandet bin." Krankenhausreif geschlagen zu werden und Gefängnishaft muss sie trotzdem aushalten. Wangari betont immer wieder, dass sie ihren Durchhaltewillen ihrem christlichen Glauben verdankt.

2004 geschieht das Unglaubliche: Wangari Maathai erhält den Friedensnobelpreis! Das gibt ihr ungeheuren Auftrieb und ein unverhofftes politisches Gewicht, aber sie bleibt den einfachen Menschen verbunden, zieht nicht ins Wohngebiet der Reichen: „Ich liebe es, mit einfachen Leuten zusammen zu beten." (CF)

Wangari Maathai,
1940–2011, Biologin, ehemalige stellvertretende Umweltministerin Kenias, Friedensnobelpreisträgerin.

Um im Glauben standhaft zu bleiben, ist das Gebet nötig.

Asia Bibi

Asia Bibi

Eine Frau glaubt um ihr Leben

Im Juni 2009 öffnet sich für Asia Noreen Bibi der Vorhof zur Hölle – wegen eines Schlucks Wasser. Ausgelaugt von der schweißtreibenden Feldarbeit, schöpft die Katholikin mit einem Becher Wasser aus einem Brunnen. Ihre Kolleginnen, zwei pakistanische Muslimas, beschuldigen Bibi anschließend, das Wasser verunreinigt zu haben, weil sie als Christin eine Ungläubige sei. In dem von den Frauen provozierten Streit verliert Bibi angeblich gotteslästerliche Worte. Der 38-Jährigen wird vorgeworfen, den Propheten Mohammed beleidigt zu haben – in Pakistan ein todeswürdiges Verbrechen. Am 8. November 2010 verurteilt sie ein Gericht wegen Blasphemie zum Tod durch den Strang.

Neun quälend lange Jahre muss die bitterarme Mutter von fünf Kindern bei jedem Klick des Eisenschlosses ihrer Zelle den Henker fürchten. Lebendig begraben vegetiert sie in einem dunklen Kerker, die Wände schwarz vor Dreck, der Boden durchtränkt von Schlamm, Kot und Urin.

Die herzzerreißende Tortur der Landarbeiterin interessiert zunächst niemanden. Ali Hasan Dayan von der Menschenrechtsorganisation *Human Rights Watch* (HRW) macht als einer der Ersten den Fall publik: Das Blasphemiegesetz sei „ein obszönes Gesetz, das in Wahrheit mit Religion nichts zu tun hat", wettert er in der britischen Zeitung *The Telegraph*.

Ausländische christliche Organisationen rufen zur Fürbitte für die Todgeweihte auf. Gläubige auf der ganzen Welt beten für Asia Bibi und ihre Familie. Die UNO, Papst Benedikt XVI. und später Papst Franziskus fordern, dass die Vorwürfe fallen gelassen werden. Hunderttausende Unterstützer unterschreiben Appelle für Asia Bibis Freilassung.

Doch gerichtliche Anhörungen werden immer wieder von islamischen Fanatikern sabotiert. Der Prozess wird verschleppt. Vergeblich richtet Asia Bibis Ehemann Gnadengesuche an den pakistanischen Präsidenten. Erst ein mutiger Anwalt boxt das Verfahren bis zum Obersten Gericht Pakistans durch. Am 31. Oktober 2018 dann das erlösende Urteil: „Asia Bibi wird vom Vorwurf der Blasphemie wegen nicht ausreichender Beweise freigesprochen", verkündet der Präsident des Obersten Gerichts, Saqib Nisar. „Sie ist sofort freizulassen."

Doch daraus wird nichts. Unmittelbar nach dem mutigen Richterspruch flammen Unruhen auf. Fanatische Kleriker wollen eine Wiederaufnahme des Verfahrens erreichen. Nach einem schier endlos scheinenden juristischen Hickhack – begleitet von erneuten Protesten islamischer Fanatiker – kann Asia Bibi am 8. Mai 2019 Pakistan verlassen. Kaum in Freiheit, macht sie einen schier unglaublichen Schritt. Trotz des unsagbaren Leids, das sie ertragen musste, vergibt sie ihren Peinigern.

Heute lebt Asia Bibi im Exil – an einem geheimen Ort in Kanada. Ihre Liebe zu ihrer Heimat und zu dem Gott, der sie gerettet hat, ist ungebrochen. Auch deshalb erhebt sie ihre Stimme für all jene Christen, die in Pakistan und anderswo wegen ihres Glaubens verfolgt werden. „Es gibt viele andere

Beschuldigte, die Jahre im Gefängnis verbringen", mahnt sie und fordert: „Auch hier sollten die Gerichte zu deren Gunsten entscheiden." Möge ihre Stimme Gehör finden.

Asia Bibi,
geb. 1971, ist eine pakistanische Katholikin.
Sie wurde wegen Blasphemie zum Tod verurteilt
und kam nach 10 Jahren Haft frei.

Verschenke dein Leben,
Dann wirst du es finden.

Jeanne Bishop

Jeanne Bishop

Herzenswende

David Biro ist erst siebzehn, als er beschließt, ein junges, glückliches Paar zu töten. Er bricht in ihr Haus ein, setzt sich auf einen Stuhl, wartet auf ihre Heimkehr und erschießt zwei junge Menschen und ein ungeborenes Kind. Wie ist Leben nach dieser furchtbaren Tragödie, dem unermesslichen Verlust für die zurückbleibenden Eltern, Geschwister, Freunde noch möglich? „Wir werden ihn niemals wiedersehen", sagt die Mutter der Ermordeten zu ihrer Tochter Jeanne, nachdem der Täter gefasst und zu einer lebenslangen Gefängnisstrafe verurteilt wurde. Eine Hoffnung, jemals entlassen zu werden, hat er nicht. Jeanne hilft diese Gewissheit und sie beschließt, den Namen des Mörders ihrer Schwester nie mehr auszusprechen. Sie will nicht am Schmerz zerbrechen. Sie will überleben. Schon am Tag der Tat, als sie mit ihrer Familie auf der Polizeiwache war, hatte sie beschlossen: „Ich will niemanden hassen." Denn: „Jemanden zu hassen ist wie Gift zu trinken und zu hoffen, dass der andere stirbt." Jeanne will dem Täter keine Macht über ihr Leben lassen. Sie will Freiheit. So ist es auch ein Akt des Selbstschutzes, als sie schon bald dem Täter vergibt, obwohl dieser vor Gericht keine Verantwortung für seine Tat übernommen hatte. Ihm trotzdem zu vergeben, beschreibt Jeanne als ein „Abschütteln von Staub und Schmutz von ihren Händen". Der Erinnerung ihrer Schwester verpflichtet, will Jeanne keine kostbare Lebenszeit mehr verschwenden, nur um viel Geld zu verdienen und Karriere zu machen. Also gibt sie ihre lukrative Tätigkeit als Rechtsanwältin in einer großen Kanzlei auf und wird stattdessen Pflichtverteidigerin, arbeitet für weniger als ein Drittel ihres vorherigen Gehaltes. Und sie wird zur Gegnerin der Todesstrafe. Gewalt darf nicht mit Gewalt beantwortet werden. Nicht mit noch mehr Toten. Davon ist Jeanne überzeugt. Aber noch trennen sie Jahre von einem weiteren großen Schritt: Versöhnung mit dem Täter. Vergeben ja, aber Versöhnung? Das scheint ihr vollkommen unmöglich. Und doch gewinnt ein Gedanke mehr und mehr Raum in ihrem Leben: dass in jedem Menschen das Antlitz von Jesus zu sehen ist. In jedem. Dass Jesus den Mörder genauso liebt wie sie. Jesus hatte am Kreuz sogar für seine Mörder gebetet. Jeanne hatte niemals für den Mörder ihrer Lieben gebetet. Mehr noch: Weiterhin weigert sie sich, seinen Namen zu nennen. Und für ihn beten hieße schließlich, seinen Namen auszusprechen. Doch 20 Jahre später geschieht das Wunder: Jeanne kniet am Grab ihrer Schwester, ihres Schwagers, des ungeborenen Kindes nieder und bittet um Segen für David Biro. Die erstaunliche Fürbitte bleibt auch für Jeanne nicht ohne Folgen: „Es fühlte sich an, als sei ein Stein von meinem Herzen weggerollt worden." Überwältigt von dieser neuen Freiheit schreibt sie David einen Brief. Er antwortet ihr und übernimmt zum ersten Mal Verantwortung für seine Tat. Zum großen Entsetzen ihrer Familie besucht Jeanne den Mörder ihrer Schwester daraufhin im Hochsicherheitstrakt. Trotz der Anfeindungen von Freunden und Verwandten geht sie den Weg der Versöhnung weiter. Und erlebt: „Vergebung schenkt ein großes, friedvolles Herz." Sie nennt es Herzenswende. (CF)

Jeanne Bishop,
in Chicago geboren, Juristin, Kämpferin gegen die Todesstrafe.

Mein Traum ist
zu helfen, dass *die Welt
ein besserer Platz
zum Leben* ist.

Kim Phuc Phan Thi

Kim Phuc Phan Thi

Stärker als Flammen

Ich habe immer gesagt: "Ich will Jesus ähnlicher werden." Heute ist das nicht nur ein Satz, den ich einmal gesagt habe, sondern eine Realität, die ich erlebt habe. Gott hat mich verwandelt – durch seine Liebe, seine Gnade und seine Kraft der Vergebung.

Es ist der 8. Juni 1972. Ein neunjähriges Mädchen läuft um sein Leben und trägt doch den Tod schon auf seinem Körper. Napalm, eine Brandwaffe, die vor allem aus Benzin besteht, hat seinen Körper schwer verbrannt. Es schreit, reißt die Arme auseinander. Und es ist nackt. Ein junger Fotograf drückt auf seinen Auslöser und das Bild geht binnen weniger Stunden rund um den Globus. Das wohl berühmteste Kriegsfoto, das sinnbildlich für das Grauen des Vietnamkrieges steht, prägt sich unter dem Titel "Napalm-Girl" ins kollektive Gedächtnis ein.

Was aus dem Mädchen von damals geworden ist? Unglaubliches! Sie ist Friedensaktivistin, UNESCO-Botschafterin. 2019 wird Kim Phuc Phan Thi – inzwischen 55 Jahre alt – mit dem "Dresdener Friedenspreis" geehrt, weil sie sich als Opfer dem Hass verweigert, wie es in der Begründung heißt. Unermüdlich sei sie unterwegs für Versöhnung und Vergebung. Was für eine Geschichte!

Kim Phuc leidet noch heute an den Folgen der Verbrennungen. Südvietnamesische Kampfbomber hatten an diesem 8. Juni 1972 ihr Heimatdorf bombardiert. „Versehentlich", wie es in der Kriegsberichterstattung heißt. Denn südvietnamesische Bomben trafen ein südvietnamesisches Dorf!

Kim überlebt, weil sie sich selbst die brennenden Kleider vom Leib reißt. Der junge Fotograf und Kriegsreporter Nick Ut schießt damals nicht nur das Foto seines Lebens, sondern bringt Kim Phuc auch in seinem Auto in ein Krankenhaus. „Ich habe geweint, als ich sie laufen sah." Tagelang ringt das kleine Mädchen mit dem Tod. Viele Operationen und Hauttransplantationen folgen.

1984 darf Kim zu weiteren Behandlungen in eine Spezialklinik für Verbrennungsopfer nach Deutschland, um dort nach ihrer siebzehnten Hauttransplantation wieder richtig laufen zu lernen. Sie beginnt ein Studium in Kuba. Ein Kommilitone wird ihr Ehemann. Das Paar setzt sich beim Rückflug ihrer Hochzeitsreise bei einem Tankstopp in Neufundland ab und erbittet politisches Asyl in Kanada. Dort leben Kim und ihr Mann mit den beiden nun erwachsenen Söhnen.

Doch Kim bleibt das „Napalm-Girl", das kleine, schreiende, rennende Mädchen, auf das die ganze Welt geblickt hat und das sie nie vergessen wird. Also trifft sie eine Entscheidung: „Ich werde vor diesem Foto nicht weglaufen, sondern mit ihm für den Frieden arbeiten." 1994 wird Kim Phuc UNESCO-Botschafterin, „Botschafterin des guten Willens". Sie gründet eine Stiftung für Kinder, die dasselbe Schicksal erlitten haben wie sie: vom Krieg an Leib und Seele versehrt zu sein.

„Ich bin so dankbar für mein Leben. Dieses Foto ist zu einem großartigen Geschenk für mich geworden. Ich kann es benutzen. Ich kann den Menschen zeigen, wie schrecklich

Krieg ist. Da hat ein kleines Mädchen Leid erfahren, aber es kann vergeben und weitermachen und anderen helfen."

Übrigens: Nick Ut und Kim Phuc halten bis heute Kontakt zueinander. „Wir sind Freunde", sagt der Fotograf. (CF)

Kim Phuc Phan Thi,

geb. 1963 in Vietnam, lebt in Kanada. Bekannt wurde sie als das Napalm-Girl. Sie ist UNESCO-Botschafterin.

> Wenn wir aufhören zu staunen, hören wir auf zu leben.
>
> — Alice Herz-Sommer

Alice Herz-Sommer

„Ich hatte ein so wunderbares Leben"

Ich hatte ein so wunderbares Leben.
Und das Leben ist wirklich wunderbar,
die Liebe ist wunderbar,
die Natur und Musik sind wunderbar.

Berühmte Musiker, Künstler, Wissenschaftler, von denen andere nur in der Zeitung lesen, gehen im jüdischen Hause Herz ein und aus. Die aufgeweckte kleine Alice plaudert mit dem Psychoanalytiker Sigmund Freud, trinkt Limonade mit dem Schriftsteller Franz Werfel und streift mit Franz Kafka und ihrer Zwillingsschwester Marianne durch die Prager Parks.

Dreijährig zaubert Alice kleine Melodien auf dem Flügel im Salon, sechzehnjährig ist sie das jüngste Mitglied der deutschen Musikakademie Prag, mit 21 Jahren erlebt sie ihr Debüt als Solistin mit der Tschechischen Philharmonie. Alice ist fast weltberühmt – bis die Nazis ihre Heimat besetzen und den Lebenskreis der jüdischen Bevölkerung brutal verkleinern und bedrohen. Jüdische Künstler dürfen nicht mehr öffentlich auftreten.

Aber Not macht erfinderisch: Bald blüht in den Prager Wohnzimmern eine rege Hausmusikkultur, die auch Alice mit ihrem Talent bereichert.

1943 – Alice hat inzwischen ihre eigene Familie gegründet – deportieren die Nazis sie, ihren Ehemann und den sechsjährigen Sohn Raphael in das KZ Theresienstadt. Um den Inspekteuren des Internationalen Roten Kreuzes ein menschenfreundliches Konzentrationslager vorzugaukeln, lassen die Nazis die KZ-Bewohner Konzerte aufführen. In einem Propagandafilm zeigen sie die scheinbar intakte Lagerwelt: Schaut her! Die Juden dürfen hier sogar Konzerte geben und besuchen.

Trotz dieses perfiden Täuschungsmanövers ist die Möglichkeit, Musik zu machen und zu hören, für die Bewohner ein Überlebensmittel. Einen „Garten Eden inmitten der Hölle" nennt Alice es Jahrzehnte später. Viele Musiker spielen ihre Stücke auswendig, Alice sogar die hoch anspruchsvollen 24 Etüden von Chopin. Diese hatte sie konzertreif eingeübt, nachdem ihre Mutter ins KZ deportiert worden war. „Packt so viel ihr könnt in eure Köpfe, das kann euch keiner mehr nehmen."

Alice und ihr Sohn Raphael überstehen die Grauen des Lagers. „Durch die Musik sind wir am Leben geblieben", ist die Jüdin überzeugt. Als sie ins Nachkriegs-Prag zurückkommen, ist es keine wirkliche Befreiung: Sie erleben auch jetzt noch grobe Anfeindungen.

Tschechischer Antisemitismus und stalinistischer Terror veranlassen Alice, nach Israel auszuwandern. Dort nimmt sie an einigen Verhandlungstagen am Prozess gegen Adolf Eichmann teil. Mit Erschrecken entdeckt sie in sich ein Mitgefühl für diesen Massenmörder. Sie spürt, wie verkümmert sein Gefühlsleben ist. Und sie erkennt: In jedem Menschen steckt die Fähigkeit zum Guten, aber auch zum abgrundtief Bösen. Diese Prozesserfahrung bestärkt sie in ihrer Überzeugung: „Man darf nicht hassen. Der Mensch darf nicht lernen zu hassen!" (CF)

Alice Herz-Sommer,
1903–2014, Pianistin, Musikpädagogin,
ehemals älteste Holocaust-Überlebende.

Ich kann nur ermutigen, sich von Gott gebrauchen zu lassen und seine Liebe zu den Menschen zu bringen.

Inge Kimmerle

Inge Kimmerle

Balsam für die Seele

Das ist Schwester Inges tiefster Abstieg: runter in die schmutzige, stinkende Kanalisation von Kiew. Dort haben die vergessenen Kinder der großen Metropole Zuflucht gesucht. Umnebelt von Dämpfen aus Klebstofftuben versuchen sie für ein paar Momente ihr Elend zu vergessen.

Schwester Inge sucht die Verlassenen, Entwurzelten. Morgens um 5 Uhr, bei 15 Grad Kälte. Niemand kann die ganze Welt retten. Aber Schwester Inge hat viele kleine Welten gerettet. „Sie wissen: Ich hab's mit dem da oben." So wird sie später in vielen Interviews erklären, woher denn so eine große Liebe kommt, angelutschte Bonbons aus den schmutzigen Händen eines verrotzten und verlausten Kanalisationskindes in den eigenen Mund zu stecken. Und dieser Glaube, der tatsächlich Berge versetzt.

Die Bilanz kann sich sehen lassen: 400 Straßenkinder in Kiew tauschen harten Asphalt mit einem richtigen Zuhause. Bekommen die Chance, Vertrauen zu lernen. In vier Kinderhäusern und einem Bauernhof erleben sie, dass Erwachsene nicht nur schlagen und trinken, sondern für Kinder sorgen. 35-mal macht sich Schwester Inge auf den langen Weg aus dem beschaulichen Freiburg in die ferne Ukraine. Sie steckt andere an, begeistert mitzumachen. Verdreht sturen Politikern das Herz. „Nicht ich, der da oben hat's getan", würde die „verrückte Schwester", wie andere sie liebevoll nennen, jetzt bescheiden einwenden.

„Den da oben" kennt Schwester Inge schon lange. Sie hat eine bewegte Geschichte mit ihrem Gott. Sonst hätte sie sich nicht so ganz und gar als „evangelische Nonne" auf ihn eingelassen. Aber die fromme Tracht schützt nicht vor Irrtum. Zum Beispiel vor dem Irrweg, es allen recht machen zu wollen, auch dem himmlischen Vater. Dem Irrtum, dass seine Liebe kein Geschenk ist, sondern doch irgendwie verdient werden muss: „Noch mehr schaffen für den Herrn" war fast zwanzig Jahre lang ihr Motto. Sie engagierte sich in der evangelischen Jugendarbeit, im Religionsunterricht, als Seelsorgerin.

Erst nach einer Lebens- und Glaubenskrise erkannte Schwester Inge die Sackgasse. Suchte Hilfe bei Ärzten. Ausgebrannt in allen Winkeln von Herz und Seele war sie kurz davor, alles hinzuwerfen. Da kam eine ganz andere Liebe auf den Plan. Gnade! Sie durfte ein Vollbad der Liebe Gottes nehmen. Anders, neu und erweitert glauben lernen.

Danach brach sie zu neuen Ufern auf. Gründete „S'Einlädele" in der Freiburger Innenstadt. Ein Laden, in dem es auch Dinge gibt, die man nicht kaufen kann: menschliche Wärme, Beratung, Balsam für die Seele. Dort begann Schwester Inges Geschichte mit den Straßenkindern von Kiew, als 1993 eine Übersetzerin aus der Ukraine am Ladentisch stand und nach Bibeln in russischer Sprache fragte.

Mit 70 Jahren genießen andere schon jahrelang ihren Ruhestand. Für Schwester Inge ist es genau das richtige Alter, sich vom Süden der Republik zu verabschieden und in die deutsche Hauptstadt zu ziehen. Eine fremde Stadt. Neue Menschen. Von der Berliner Stadtmission wird sie als Seelsorgerin angefragt. Noch einmal nimmt sie eine neue Herausforderung an.

Mehr als zehn Jahre hält es die Schwester mit dem riesengroßen Herzen in der bunten, vielfältigen Stadt. Teilt sie ihr Leben mit Menschen – Flüchtlingen, Obdachlosen, Büroangestellten. Wohin sie ihr Weg auch führt, sie weiß: Einer geht immer mit. Ihm kann sie vertrauen, das hat Schwester Inge gelernt.

(CF)

Inge Kimmerle,
geb. 1939, Diakonisse, lebt seit Ende 2020
im Stammhaus der Aidlinger Schwesternschaft in Stuttgart.

*Jedes Kind
ist einzigartig*
und hat ein Recht
auf ein erfülltes Leben.

Christine Bronner

Christine Bronner

Dem Tag mehr Leben geben

„Keine Familie mit schwerstkrankem Kind soll mehr so alleingelassen werden wie wir damals." Dieser Wunsch treibt Christine Bronner an, als sie 2004 einen ambulanten Kinderhospizdienst ins Leben ruft. Die fünffache Mutter musste selbst den schmerzhaften Verlust zweier ihrer Kinder erleben – Simon, der kurz vor der Geburt durch die Nabelschnur erstickt, und Stefanie, die viel zu früh auf die Welt kommt und nicht überlebt. Trauer, Verzweiflung und Hilflosigkeit überrollen das Ehepaar und die beiden Geschwister. Es gibt niemanden, der ihnen hilft, mit dem traumatischen Verlust umzugehen. Nächtelang hadert die verzweifelte Mutter mit Gott. Ihren Schmerz verdrängt sie und konzentriert sich aufs Funktionieren.

Als drei Jahre später ihr Vater im Sterben liegt, bricht all die unverarbeitete Trauer mit Wucht über sie herein. Doch diesmal wird die junge Frau aufgefangen: von den Mitarbeiterinnen des Hospizes, in dem ihr Vater betreut wird. Die aufgestauten Tränen der vergangenen Jahre können fließen, es gibt Raum, den Schmerz zu verarbeiten. Aus Dankbarkeit beginnt Christine Bronner, sich ehrenamtlich in der Hospizarbeit in München zu engagieren, und macht eine Ausbildung zur Sterbebegleiterin.

Als im Jahr 2002 Freunde zu ihrem Geburtstag statt eines Geschenks Spenden für die Begleitung sterbender Kinder sammeln wollen, bitten sie Christine im Vorfeld um eine Recherche. Die Dinge kommen ins Rollen: Schon zwei Jahre später entsteht eine ambulante Hospizarbeit für Kinder und deren Familien, getragen von Ehrenamtlichen. 2005 gründet das Ehepaar Bronner eine Treuhandstiftung, die 2007 selbstständig wird – die *Stiftung Ambulantes Kinderhospiz München* (AKM).

Bald wird klar, dass es um viel mehr gehen muss als um die Begleitung in der Sterbephase – denn die riesige Not betroffener Familien bricht unmittelbar mit der erschütternden Diagnose herein. Damit Familien zurück in einen lebenswerten Alltag finden, braucht es Lebensbegleitung in der Krise. Christine Bronner lernt, ihre eigene Erfahrung als Ressource zu nutzen. Der Glaube an Gott gibt ihr immer wieder Kraft und Motivation für ihre Arbeit.

Schon nach einigen Jahren ist die *Stiftung Ambulantes Kinderhospiz* neben dem hauptamtlichen Team auf über 200 Ehrenamtliche angewachsen. Eine Schulung bereitet sie auf ihre Aufgabe als Familienbegleiter, beim Kriseninterventionsnotruf RUF24 oder in der Öffentlichkeitsarbeit vor. Das hauptamtliche Team wird von Ärzten, Sozialpädagogen, Pflegefachkräften, Psychologen, Hebammen und Therapeuten ergänzt. Dies bildet ein tragfähiges Netzwerk und erweitert das Angebot, welches den betroffenen Familien Halt gibt, die Versorgung zu Hause sichert und schöne Stunden ermöglicht. Oft werden die Familien über viele Jahre hinweg und auch über den Tod hinaus begleitet.

Seit einigen Jahren ist die Gründerin selbst nur noch in besonders schwierigen Fällen bei der Betreuung von Familien dabei; ihre Hauptaufgabe liegt nun in der Geschäftsführung und der politischen Arbeit der Stiftung. Denn allzu oft werden die Helfenden von Fragen der Finanzierung ausgebremst. Deshalb setzt sich Christine Bronner dafür ein, betroffenen Familien und ihren Nöten auch in der Politik eine hörbare Stimme zu verleihen.

Seit 2020 ist Christine Bronner zusätzlich im Vorstand der *Stiftung FamilienBande* tätig, die sich für die Geschwister von chronisch kranken oder behinderten Kindern einsetzt. Denn auch sie leiden unter den Umständen und brauchen verstärkt Aufmerksamkeit. (AS)

Christine Bronner,
1962 in Bozen geboren, Gründerin eines ambulanten Kinderhospizes.

Trotzige Hoffnung lässt nicht locker und besteht auf dem guten Ausgang, auch gegen alle Wahrscheinlichkeiten.

— Ruth Pfau

Ruth Pfau

Der lange Atem

Manchmal denke ich im Stillen: Meine Idealvorstellung wäre, in einem Altersheim zu sitzen und nicht einmal für mein Frühstück verantwortlich zu sein. Aber ich weiß auch, dass ich nach spätestens sechs Wochen von dort flüchten würde. Also mache ich weiter. Im Rahmen des Möglichen (aus: Pfau: Und hätte die Liebe nicht).

Ruth ist ein Kriegskind: Bombennächte voller Angst, zerstörte Städte, traumatisierte Menschen. Am Ende des Krieges erlebt sie als 15-Jährige, wie sich die Dresdner Flüchtlingsströme über Leipzig ergießen. „Diese Erfahrungen sind die Grundstimmung meines Lebens." Als Medizinstudentin überzeugt sie der christliche Glaube, sie lässt sich evangelisch taufen und wird einige Jahre später katholische Ordensschwester. 1960 sendet ihr Orden sie als junge Ärztin nach Indien aus. In der pakistanischen Hafenstadt Karatschi wartet Ruth auf ihr Visum. Pakistan ist eigentlich nur eine Zwischenstation, aber ein Erlebnis bindet sie für ihr ganzes Leben an dieses Land: Mitten in der Stadt stößt sie auf ein Lepra-Getto. Sie sieht entsetzliches Elend und eine ignorante Stadtverwaltung, die ihr auf Anfrage zu verstehen gibt: „Tut mir leid, Madam, aber in Pakistan gibt es keine Lepra." Die Begegnung mit diesen vergessenen Menschen beschreibt sie später als die einschneidendste Erfahrung ihres Lebens:

„Es war, wie wenn du deine große Liebe triffst." Ein verwegener Gedanke nimmt von ihr Besitz: „Irgendwo auf dieser Welt irgendwelches Elend wirklich abzuschaffen." Sie reist nicht mehr weiter nach Indien, sondern sagt der Lepra in Pakistan den Kampf an.

Lepra ist eine Krankheit der Armut, die häufig zur Ausgrenzung führt, weil die Kranken außerhalb des Dorfes wohnen müssen. Eine schwere, gefürchtete Krankheit, die aber medizinisch heilbar ist. Ruth Pfau und ihr großes Team der Lepra-Assistenten machen sich auf den Weg in die entlegensten Dörfer auf der Suche nach den Patienten. Manchmal sind sie tagelang zu Fuß unterwegs.

Die jahrelangen Mühen haben sich gelohnt: Heute ist Pakistan mit einem flächendeckenden Lepra-Bekämpfungsprogramm versorgt. Die Krankheit ist im Land seit 1996 vollständig unter Kontrolle. Für Ruth Pfau kein Grund zum Ausruhen, denn neben der Lepra ist die Tuberkulosebekämpfung dazugekommen.

Bei Besuchen in Deutschland wundert sich Ruth Pfau über das Jammern auf hohem Niveau! „Freut euch doch mehr!", ruft sie den Wohlstandsbürgern zu. „Ihr lebt in einem Rechts- und Sozialstaat … Ihr lebt in einem Land, in dem das freie Atmen erlaubt ist und die Würde des Menschen geschützt ist … Wann immer ihr etwas seht, was nicht richtig ist, redet wenigstens darüber, auch wenn ihr nichts ändern könnt. Aber macht es wenigstens bekannt!" (aus: Pfau: Das Herz hat seine Gründe).

Seit über 50 Jahren lebt und arbeitet Ruth Pfau in Pakistan. Sie hat erfahren, wie unendlich wichtig Geduld ist. Veränderung in den Köpfen gibt es nicht von heute auf morgen.

Dass sich der lange Atem lohnt, zeigen ihr die Menschen, deren Schicksal sich durch medizinische Versorgung gewendet hat: z. B. Adena, die von Ruth Pfau und ihrem Team als 14-Jährige aus einer Höhle befreit wurde, wo das Dorf sie als Leprakranke eingemauert hatte. Viele Jahre später hat Adenas ältester Sohn sein Abitur abgelegt und eine gut bezahlte Regierungsstelle bekommen. „Das sind dann solche Momente, wo ich wirklich in meine persönliche Hochstimmung komme, meine ‚Highs‘, die Freude und das Staunen darüber, dass so etwas möglich ist." (CF)

Dr. Ruth Pfau,
1929–2017, lebte seit 1960 als Ärztin und Ordensfrau in Pakistan.

> Das schönste Geschenk, das du einem Menschen machen kannst, ist, ihm zu erlauben, sich in seiner eigenen Haut wohlzufühlen. Das Gefühl zu haben, *dass er genügt.*
>
> — Hannah Brencher

Hannah Brencher

Für dich!

Meine Mutter ist ein nostalgischer Mensch, und so wie es aussieht, hat sie mir diese Eigenschaft vererbt. Mein ganzes Leben lang hat sie Liebesbriefe für mich versteckt. Da steckte ein Zettel auf einem Stück Schokoladenkuchen, als mich mein erster Liebeskummer am College heimsuchte. Da lag eine Karte auf meinem Armaturenbrett an dem Tag, als Whitney Houston starb.

Die Briefe meiner Mutter begleiteten mich mein ganzes Studium hindurch. Ich schätze, ich war eine der Einzigen am ganzen College, die einen Grund hatte, nach Unterrichtsschluss an ihr Postfach zu gehen. Mir war nie klar, wie viel Kraft in ihren Briefen steckte oder warum sie sie mir schickte, bis meine Großmutter starb.

Hannah Brencher, 22 Jahre jung, sitzt in New York in der laut ratternden U-Bahn, unterwegs zu ihrem Job bei der UNO. Sie fühlt sich leer und verloren in dieser einsam machenden Stadt.

Eine alte, verwahrlost aussehende Frau steigt ein und setzt sich Hannah gegenüber. In ihren traurigen Augen verfängt sich Hannahs Blick. Ein Herzensblick und Schlüsselmoment für die junge Frau.

„Weißt du, dass du wertvoll, liebenswert, wichtig bist?", fragt sie ihr Gegenüber in Gedanken. Und dann macht Hannah das, was ihrem Herzen am nächsten ist: Sie nimmt einen Stift, reißt ein Blatt von ihrem Block und schreibt der alten Frau einen Brief. Noch bevor sie ihn fertig geschrieben hat, verlässt die Unbekannte die U-Bahn.

Doch Hannah macht weiter – nicht nur, weil ihre Schwermut beim Verfassen der Zeilen verflogen war. Fortan schreibt sie Hunderte solcher „Liebesbriefe" an Unbekannte – mit Herz und von Hand. Lässt sie im Café auf dem Tisch liegen, steckt sie in fremde Manteltaschen, wenn sie ein Restaurant verlässt, legt sie in der Bibliothek auf einem Regalbrett ab. Die Anschrift heißt „Für dich": „Wenn du diesen Brief findest, nimm ihn mit nach Hause – er ist für dich."

Über ihren Internetblog verspricht Hannah jedem einen „echten", einen handgeschriebenen Brief, der ihr seine Postadresse und sein Anliegen zusendet. Ein großes, ein verrücktes Versprechen. So groß, dass es die Postkörbe in New Haven füllt, wo Hannah inzwischen wohnt.

Sie erhält Briefe von Lebensmüden, Todkranken, Beziehungsverunglückten, von Kummer Geplagten. Ihr Versprechen kann sie jetzt nicht mehr allein einhalten. Um ihre freundlichen Worte auszuteilen, braucht sie Unterstützer. Also initiiert Hannah die Internetgemeinde www.moreloveletters.com.

Heute schreiben 25.000 ehrenamtliche Briefeschreiber aus über 60 Ländern wildfremden Menschen. In Zeiten von E-Mails und Facebook ist diese „Brief-Seelsorge" etwas ganz Besonderes: handgeschrieben, liebevoll gestaltet, von Herz zu Herz. Ein Original – für dich.

Hannahs Botschaft ist so einfach und absolut ansteckend:

„Wir dürfen nicht vergessen, uns füreinander zu interessieren." (CF)

Hannah Brencher,
Autorin und Bloggerin, Gründerin der Initiative
„The World Needs More Love Letters".

Gut zu sein
TUT UNS SELBER
AM BESTEN.

Lea Ackermann

Lea Ackermann

Die bekannteste Nonne Deutschlands

Lea ist eine sehr normale junge Frau. Sie schminkt sich gern, tanzt gut und hat einen interessanten Beruf: Sie ist Bankkauffrau, arbeitet sogar eine Zeit lang in Paris. Bis sie mit dreiundzwanzig Jahren die Seiten wechselt. Sie beschließt, katholische Ordensfrau zu werden. Die Mutter weint. Der Vater schimpft. Aber Leas Entschluss steht fest. Sie will nach Afrika. Sie will den Armen helfen. Aber zunächst braucht sie viel Geduld. Sieben Jahre Vorbereitungszeit und Studium halten sie noch in Deutschland.

Endlich! Die erste Afrikastation ist Ruanda. Bildung erhöht die Chancen für ein besseres Leben, ebnet Wege aus der Not – das ist bis heute Schwester Leas feste Überzeugung. Leidenschaftlich engagiert sie sich deshalb in der Lehrerinnen-Ausbildung, aber dann kommen ihr Zweifel: „Du arbeitest nicht mehr bei den Armen. Deine Schülerinnen haben es schon geschafft. Eigentlich brauchen sie dich doch nicht." Schon lange schlägt Leas Herz für die Frauen, die ihren Körper als Ware anbieten. Bereits als junge Bankkauffrau in Paris führte ihr Weg zur Arbeit sie jeden Tag an Prostituierten vorbei. Deren Schicksal bewegte sie sehr: „Was habe ich ein Glück, dass ich behütet in einer religiösen Familie aufwachsen konnte und nicht am Straßenrand gelandet bin. Das ist nicht mein Verdienst."

Noch einmal verbringt sie lange Studien- und Promotionsjahre in Deutschland. Jetzt ist die Zeit reif. Sie lässt sich 1985 nach Kenia senden. In die Touristen- und Hafenstadt Mombasa, wo auch westliche Touristen billigen Sex suchen.

Mutig geht Schwester Lea ins Rotlichtviertel, setzt sich in Kontakt-Cafés und verwickelt die jungen Frauen in Gespräche. Diese sind oft sehr religiöse Frauen und durch Armut und Elend in der Prostitution gelandet. Sie nehmen Schwester Leas Hilfsangebote an. Schwester Lea erkennt: Für den Ausstieg brauchen die Frauen andere Verdienstmöglichkeiten. Die Angebote für Frauen, die sich selbstständig machen oder eine Ausbildung absolvieren wollen, wachsen. Schwester Lea sucht für ihre Arbeit eine gute Grundlage. Sie gründet SOLWODI („Solidarity with women in distress" – Hilfe für Frauen in Not) – die Initiative und das Zentrum, in dem Frauen der Ausstieg aus der Prostitution ermöglicht wird. Doch nach drei Jahren ist Schwester Lea den Behörden unbequem. Sie muss das Land verlassen. Zum Glück lebt und wächst „Solwodi" in Kenia auch ohne sie.

Zurück in Deutschland gehört ihr Herz weiterhin ganz der Arbeit von „Solwodi". In Boppard ist die Zentrale, von dort leitet sie die internationale Arbeit. Denn menschenverachtender Frauenhandel, Zwangsprostitution, Sextourismus, Zwangsheirat, Heiratshandel sind längst weltweit Probleme, auch in Deutschland. Schwester Lea sucht deshalb immer wieder die Öffentlichkeit. Sie schreibt Bücher, besucht Talkshows, gibt Interviews. Nennt Ross und Reiter, zum Beispiel die skrupellosen Schlepperbanden, die junge Frauen unter falschen Versprechen nach Deutschland bringen und sie hier zur Prostitution zwingen.

Wen wundert's, dass Lea Ackermann mitunter die „bekannteste Nonne Deutschlands" genannt wird! (CF)

Lea Ackermann,
SMNDA, Dr. phil., geb. 1937, Bankkauffrau, Pädagogin, Ordensschwester.

Stell dir eine Welt vor, in der jeder willkommen ist!

Carolin Neufeld

Carolin Neufeld

Besondere Kinder

Carolin und David Neufelds „Christkind" im Jahr 2000 heißt Onur. Kurz vor Weihnachten kommt der Anruf vom Jugendamt: Da sei ein sechzehn Monate alter Junge, der dringend ein Zuhause suche. Wer kann kurz vor Weihnachten „Nein" sagen! So holen sie einen kleinen Jungen aus dem Frauenhaus ab. Ein Leinenbeutel, in dem sich ein schmutziges Fläschchen, ein paar Windeln, eine Packung Milchschnitten und ein Schlafanzug befinden – das ist alles, was Onur besitzt. Seine Füßchen stecken in viel zu großen Schuhen – ohne Strumpfhose oder Socken. So nehmen Carolin und David das selbstbewusste, aktive und willensstarke Kerlchen in ihr Leben auf.

Vorausgegangen waren für beide herbe Enttäuschungen. Nach zwei Eileiterschwangerschaften hatten ihnen die Ärzte jede Ho nung auf leibliche Kinder genommen. Eine Welt brach für sie zusammen. Ein Leben ohne Kinder konnten sie sich einfach nicht vorstellen. Aber gab es nicht auch andere Wege, eine Familie zu werden? Intensiv beschäftigten sie sich mit dem Thema „Adoptiv- und Pflegekinder".

Schon neun Monate nach der Ankunft von Onur wartet eine weitere Herausforderung auf die kleine Familie. „Ein besonderes Kind" sei geboren, sagt die freundliche Dame vom Jugendamt am Telefon. Der sechs Wochen alte Alexander ist ein Downsyndrom-Kind. Schon drei Tage später nehmen sie ihn in ihre Familie auf. Einem Downsyndrom-Kind begegnet man nur noch selten in Deutschland, denn die Pränatale Diagnostik erkennt diese zukünftige Behinderung schon im Mutterleib, und die wenigsten Mütter tragen nach der Diagnose so ein Kind aus.

Carolin hat in ihrem Beruf mit behinderten Kindern und Jugendlichen gearbeitet. Die Downsyndrom-Kinder haben sie schon immer fasziniert. In Carolins Augen haben sie den Gesunden viel voraus: Lebenkönnen im Hier und Jetzt, ein Übermaß an Liebe, das Gespür für Menschen und Stimmungen. Carolins Herz ist vorbereitet.

Alexander trotzt dann mit seinem unverwechselbaren Charme jeglichen Bedenken, sein einzigartiges Lachen bringt alle auf seine Seite. Carolin weiß, dass ihre Familie von Gott zusammengestellt ist. Er gibt ihnen Weisheit und Kraft für jeden neuen Tag. Gut zu gebrauchen, denn die Herausforderungen sind groß. Und doch – nach einigen Jahren spüren Carolin und David: Wir haben noch Platz in unserem Leben. Eigentlich denkt Carolin dabei eher an ein „normales" Kind, vielleicht diesmal ein Mädchen?

Bei Neufelds werden die Kinder per Telefon angekündigt: „Bald soll ein Downsyndrom-Junge geboren werden. Kennen Sie vielleicht jemanden, der ihn aufnehmen könnte?" Natürlich wird der große Bruder Onur in die Überlegungen einbezogen. Schließlich ist es nicht so einfach, gleich zwei „behinderte" Brüder zu haben. Da ist es nur gut, dass Samuels leibliche Mutter eine Weile mit sich kämpft, ob sie ihr Kind wirklich zur Adoption abgeben will.

Einmal unterhalten sich Carolin und Onur über den vielleicht zukünftigen Bruder. Er meint kurz und bündig, was diese Mama denn eigentlich habe und warum sie ihr Baby nicht wolle: „Kind ist doch Kind, egal ob mit oder ohne Downsyndrom!" Alles klar – Samuel kann kommen.   (CF)

Carolin Neufeld,
geb. 1974, lebt gemeinsam mit ihrem Mann und dem Familienunternehmen Neufeld Verlag ihre Berufung.

Cicely Saunders

Die Aushalterin

Es geht nicht darum, dem Leben mehr Tage zu geben, sondern den Tagen mehr Leben.

Als Kind steht Cicely oft am Rand, erlebt sich als Außenseiterin. „Ich war unbeliebt", bekennt sie als ältere Frau. Nicht dazuzugehören – auch durch diese Erfahrung entwickelt sie feine Antennen für die Bedürfnisse der Schwachen; für Menschen, denen es nicht gut geht. Innere und äußere Schmerzen werden zu Cicelys Lebensthema.

Sterbende sind schwach. Sie haben oft keine Fürsprecher. Schmerzen entfremden einen Menschen – von sich und von andern. Cicely wird Vorkämpferin für ein menschenwürdiges Sterben. Mehr als 50 Jahre engagiert sie sich in der Praxis, in der Lehre und Forschung für die Begleitung von Menschen auf ihrer letzten Lebensetappe.

Zunächst studiert Cicely in Oxford Politikwissenschaft, Philosophie und Wirtschaftswissenschaften. Doch als der Krieg ausbricht, erscheinen ihr diese theoretischen Studien nutzlos. Sie bricht die Universität ab und beginnt eine Ausbildung zur Krankenschwester. Doch Rückenschmerzen plagen sie so sehr, dass sie die Tätigkeit nicht ausüben kann. So schließt sie ein Studium zur Sozialarbeiterin an und verbindet beide Berufe, als sie in einem Hospital als medizinische Sozialarbeiterin anfängt. Dort umsorgt sie vor allem Krebspatienten.

Dennoch sucht sie nach innerer Orientierung: „Welche Lebensaufgabe, welche Richtung, welche Berufung soll mein Leben haben?" Die Antwort bekommt sie 1948. Cicely begleitet den sterbenden 40-jährigen David Tasma in seinen letzten Wochen bis zum Tod. Es ist Liebe auf dem letzten Blick. Davids Wunsch: „Ich möchte ein Fenster in deinem Haus sein", und ein Vermächtnis von 500 Pfund sind Cicelys Saunders ideelles und materielles Startkapital für ein erstes von ihr geplantes Hospiz.

Doch noch fühlt sie sich für diese Aufgabe nicht ausreichend gerüstet. So beginnt sie 1951 ein Medizinstudium. Nach erfolgreichem Abschluss weiß sie sich als Krankenschwester, Sozialarbeiterin und Ärztin umfassend ausgestattet für ihre große Vision, einen Ort zu schaffen, der Sterbende mit all ihren Bedürfnissen begleitet. Cicely Saunders' großes Verdienst ist ihre ganzheitliche Sicht auf den sterbenden Menschen und auf das Leid der Angehörigen.

Auf diese Weise wird die Ärztin Cicely auch zur Wegbereiterin einer ganzheitlichen Schmerztherapie, der „Palliative Care". Auch hier denkt sie neu: Schmerz ist umfassend, er hat eine körperliche, emotionale, soziale und spirituelle Dimension. Eine Kapelle in dem von ihr 1967 gegründeten *St. Christopher's Hospice* zeigt ihre christliche Glaubenshaltung. Dieses erste Hospiz wird Vorbild für weltweit 8 000 stationäre Hospize nach dem Konzept von Cicely Saunders.

Cicelys Credo lautet: Sterbende sollen bis zu ihrem letzten Atemzug ihre Würde behalten. Alles sei dafür zu tun, dass ein Mensch sich nicht als lästig empfindet. Folgerichtig bleibt Cicely zeitlebens eine Gegnerin der aktiven Sterbehilfe. Sie ist fest davon überzeugt, dass solch eine Möglichkeit Sterbende unter Druck setzen würde. Für sie gilt: „Du zählst, weil du du bist. Und du wirst bis zum letzten Augenblick deines Lebens eine Bedeutung haben." (CF)

Cicely Saunders,
1918–2005, Krankenschwester, Sozialarbeiterin, Ärztin. Begründerin der Hospizbewegung.

Literaturhinweise

Wenn Sie noch mehr über die porträtierten Frauen erfahren wollen, werden Sie hier fündig:

Margarete Steiff
Gabriele Katz: Margarete Steiff. Die Biografie, Der Kleine Buch Verlag 2015
Ulrike Halbe-Bauer: Margarete Steiff. Ich gebe, was ich kann, Brunnen Verlag GmbH 2013
Film: Margarete Steiff – Der Film, 2005, mit Heike Makatsch u. a.

Hetty Overeem
Hetty Overeem, Die Wanderpfarrerin. Mit Esel, Hund und Tipi unterwegs zu den Herzen der Menschen, Neukirchener-Verlagsgesellschaft mbH 2014

Katherine Johnson
Film: Hidden Figures – Unerkannte Heldinnen, 2017, Theodore Melfi

Jackie Pullinger
Jackie Pullinger/Andrew Quicke, Licht im Vorhof der Hölle, Asaph Verlag 2008

Juliane von Krüdener
Debora Sommer, Juliane von Krüdener: Eine Baronin missioniert Europa, Verlag der Francke-Buchhandlung 2014

Gil Won-Ok
William Andrews, Das Schicksal der Drachentöchter, Tinte & Feder 2018 (Roman)

Malala Yousafzai
Malala Yousafzai/Christina Lamb, Ich bin Malala, Droemer 2013

Magda Trocmé
Hanna Schott, Liebe und Widerstand, Das Leben von Magda und André Trocmé, Neufeld Verlag 2018

Katie Davis Majors
Katie Davis Majors, Katie. Leben für Ugandas Kinder, SCM Hänssler, 3. Aufl. 2018
Katie Davis Majors, Katie. Hoffnung gibt nicht auf, SCM Hänssler 2018

Maria von Wedemeyer
Wolfgang Seehaber, Maria von Wedemeyer. Bonhoeffers Verlobte. Ein Lebensbild, fontis – Brunnen Basel 2012
Ruth-Alice von Bismarck/Ulrich Kabitz (Hrsg.), Brautbriefe Zelle 92: Dietrich Bonhoeffer – Maria von Wedemeyer 1943–1945, C.H.Beck, 7. Aufl. 2016

Heidi Baker
Heidi Baker, Wie wir lieben lernten, Asaph Verlag GmbH 2013
Cassandra Soars, Liebe, die wie Feuer brennt, Asaph Verlag GmbH 2016
www.irisglobal.org

Sophie Scholl
Maren Gottschalk, Wie schwer ein Menschenleben wiegt. Sophie Scholl. Eine Biografie, C. H. Beck 2020
Barbara Beuys, Sophie Scholl, Insel Verlag, 3. Aufl. 2011
DVD: Sophie Scholl – Die letzten Tage, Warner Home Video Germany 2005

Friederike Garbe
www.agape-haus-luebeck.de
Alexa Länge (Hrsg.), Hoffnungsweise: 18 wahre Geschichten, Brunnen Verlag GmbH 2017

Eva-Maria Admiral
Eva-Maria Admiral, Mein Überlebenslauf, Brunnen Verlag GmbH, 5. Aufl. 2020, www.admiral-wehrlin.de

Helma Bielfeldt
Helma Bielfeldt/Romy Schneider, Helma. Wer bremst, verliert. Die Geschichte einer radikalen Kehrtwende, Brunnen Verlag GmbH 2014
ERF-Mediathek: Helma Bielfeldt – Die Rockerpräsidentin

Soheila Fors
Soheila Fors/Ingalill Bergensten, Die Tochter des Emirs. Eine iranische Frau kämpft um ihre Zukunft, Brunnen Verlag GmbH 2017

Helen Keller
Katja Behrens, Alles Sehen kommt von der Seele: Die außergewöhnliche Lebensgeschichte der Helen Keller, Gulliver von Beltz & Gelberg, 4. Aufl. 2014
Film: Licht im Dunkel, 1962, Arthur Penn

Selma Lagerlöf
Selma Lagerlöf, Mårbacka. Erinnerung an meine Kindheit, Langen Müller 2015

Florence Nightingale
Brigitte Troeger, Florence Nightingale. Der Engel der Verlassenen, Brunnen Verlag GmbH 2010

Wangari Maathai
Wangari Maathai, Afrika, mein Leben. Erinnerungen einer Unbeugsamen, DUMONT 2008

Asia Bibi
Joseph Scheppach, Asia Bibi. Eine Frau glaubt um ihr Leben, Brunnen Verlag GmbH 2020

Jeanne Bishop
Jeanne Bishop, Herzenswende. Wie ich lernte dem Mörder meiner Schwester zu vergeben, Neukirchener Verlag 2017

Kim Phuc Phan Thi
Kim Phuc Phan Thi, Ins Herz gebrannt. Wie ich die Schrecken des Krieges hinter mir ließ und Frieden, Vergebung und Hoffnung fand, Gerth Medien 2018

Alice Herz-Sommer
Melissa Müller/Reinhard Piechocki, Alice Herz-Sommer – „Ein Garten Eden inmitten der Hölle". Ein Jahrhundertleben, Knaur 2011
Caroline Stoessinger, Ich gebe die Hoffnung niemals auf. Hundert Jahre Weisheit aus dem Leben von Alice Herz-Sommer (E-Book), Albrecht Knaus Verlag 2012

Dokumentarfilm „The Lady in Number 6", 2013

Christine Bronner
www.kinderhospiz-muenchen.de

Ruth Pfau
Ruth Pfau, Leben heißt anfangen. Worauf es letztlich ankommt, hrsg. v. Rudolf Walter, Herder 2018
Ruth Pfau, Und hätte die Liebe nicht. 50 Jahre in Pakistan, hrsg. v. Michael Albus (E-Book), Herder 2011

Hannah Brencher
Hannah Brencher, Wenn du diesen Brief findest …: Als ich einen Brief schrieb und tausende zurückbekam (E-Book), Ullstein 2016

Lea Ackermann
Lea Ackermann, Der Kampf geht weiter. Damit Frauen in Würde leben können. Ein biografisches Porträt, hrsg. von Michael Albus, Patmos Verlag 2017

Cicely Saunders
Martina Holder-Franz, „… dass du bis zuletzt leben kannst." Spiritualität und Spiritual Care bei Cicely Saunders, TVZ Theologischer Verlag Zürich 2012

Rechtenachweise

Die hier zusammengestellten Frauenporträts entstammen den Jahrgängen 2011 bis 2021 des FrauenTaschenKalenders, der jährlich im Brunnen Verlag Gießen erscheint.

Fotos:

Margarete Steiff: picture-alliance/dpa, © dpa-Bildarchiv
Hetty Overeem: Le Journal la Côte
Lilias Trotter: © Public Domain/Wikimedia Commons
Katherine Johnson: NASA
Juliane von Krüdener: © Public Domain/Wikimedia Commons
Gil Won-Ok: © Dong-Ha Choe/koreaverband.de
Malala Yousafzai: picture alliance/dpa
Pandita Ramabai: picture-alliance / Mary Evans Picture Library
M. Trocmé: privat, alle Rechte vorbehalten, aus: Hanna Schott, Von Liebe und Widerstand. Das Leben von Magda und André Trocmé, Neufeld Verlag, Schwarzenfeld 2011
Katie Davis Majors: © amazima.org
Gertrud Kurz: © Jac. de Nijs / Anefo – Nationaal Archief/Wikimedia
Heidi Baker: Rolland Baker
Sophie Scholl: George (Jürgen) Wittenstein / akg-images
Friederike Garbe: AGAPE Haus – Träger: Leben Bewahren Lübeck e.V.
Eva-Maria Admiral: Claudia Börner, Linz
Helma Bielfeldt: Pete Ruppert
Soheila Fors: Rickard L. Eriksson/New Art Production AB
Wijsen-Schwestern: picture alliance
Anna Nitschmann: © Universitätsarchiv Moravian Archives Herrnhut
Selma Lagerlöf: picture-alliance/dpa
F. Nightingale: Private Collection/Ken Welsh/The Bridgeman Art Library;
Else Beitz: picture-alliance/dpa/dpaweb
Wangari Maathai: © dpa;
Asia Bibi: Bildrechte leider unbekannt

Kim Phuc Phan Thi: © picture alliance/Aurelie Ladet/MAXPPP/dpa
Alice Herz-Sommer: picture alliance / dpa
Ruth Pfau: picture-alliance/AP Photo, Fotograf: Ekkehard SS Buch Chulz
Hannah Brencher: Tiffany Farley
Cicely Saunders: picture alliance
Sr. I. Kimmerle: Ortrud Wohlwend
Sonstige Fotos: privat.

ZITATE:

Hetty Overeem aus: Hetty Overeem, Die Wanderpfarrerin. Mit Esel, Hund und Tipi unterwegs zu den Herzen der Menschen. (c) 2014 Neukirchener Verlagsgesellschaft mbH, Neukirchen-Vluyn, 2. Auflage 2015, S. 14.

Katie Davis aus: Katie Davis Majors, Katie. Leben für Ugandas Kinder, © 2012/2018 SCM Verlagsgruppe GmbH, D-71088 Holzgerlingen (www.scm-haenssler.de).

Gertrud Kurz aus: PDF-Portrait Gertrud Kurz – Stiftung Gertrud Kurz, www.gertrudkurz.ch, abgerufen am 14.10.2020.

Maria von Wedemeyer aus: Wolfgang Seehaber, Maria von Wedemeyer. Bonhoeffers Verlobte. Ein Lebensbild, fontis – Brunnen Basel 2012, S. 357.

Heidi Baker aus: Heidi Baker, Wie wir lieben lernten, Asaph Verlag GmbH 2013, S. 138.

Lisa Misraje Bentley aus: Lisa Misraje Bentley, Levi – Kind meines Herzens, Brunnen Verlag GmbH 2010, S. 147.

Friederike Garbe aus: https://www.pro-medienmagazin.de/fileadmin/pro/proMagazine/2012/PRO_2012_02.pdf, S. 27, abgerufen am 14.10.2020.

Eva-Maria Admiral aus: Eva-Maria Admiral, Mein Überlebenslauf, Brunnen Verlag GmbH, 5. Aufl. 2020, S. 81.

Helma Bielfeldt aus: https://www.youtube.com/watch?v=w5-hgt7CSGg, abgerufen am 14.10.2020.

Soheila Fors aus: Soheila Fors/Ingalill Bergensten, Die Tochter des Emirs. Eine iranische Frau kämpft um ihre Zukunft, Brunnen Verlag GmbH 2017, S. 196.

Asia Bibi aus: https://de.catholicnewsagency.com/story/asia-bibi-fordert-religionsfreiheit-und-ende-des-blasphemiegesetzes-6873, abgerufen am 14.10.2020.

Jeanne Bishop übersetzt aus: https://baptistnews.com/article/how-jeanne-bishop-forgave-her-sisters-killer-and-is-working-for-his-good/#.X23WcG7grcs, abgerufen am 14.10.2020.

Inge Kimmerle aus: https://www.factum-magazin.ch/blog/mit-gott-das-unm%C3%B6gliche-wagen, abgerufen am 14.10.2020.

Christine Bronner: © bei der Autorin, mit freundlicher Erlaubnis.

Ruth Pfau aus: Ruth Pfau, Leben heißt anfangen. Worte, die das Herz berühren, hrsg. v. Rudolf Walter, Verlag Herder GmbH 2014, © Rudolf Walter.

Hannah Brencher übersetzt aus: https://www.goodreads.com/author/quotes/8034933.Hannah_Brencher, abgerufen am 14.10.2020.

Lea Ackermann aus: https://www.domradio.de/radio/sendungen/menschen/lea-ackermann-gut-zu-sein-tut-uns-selber-am-besten, abgerufen am 14.10.2020.

Carolin Neufeld: © bei der Autorin, mit freundlicher Erlaubnis.

Trotz intensiver Recherche konnten nicht für alle Zitate die Rechteinhaber ausfindig gemacht werden. Der Verlag dankt für Hinweise.

DER *Frauen* TASCHEN KALENDER

von Claudia Filker und Andrea Specht

176 Seiten, Hardcover, mit Gummiband zum Verschließen, Lesebändchen, Stiftschlaufe und praktischer Innentasche.

Ein Tages- und Wochenplaner, der jedes Jahr in zwei unterschiedlichen Covervarianten erscheint:
in der Ornament- und in der Fotoausgabe.
Mit seinem handlichen Format passt
der kleine Buchkalender in jede Handtasche.
Das Besondere: Jeden Monat wird eine Frau porträtiert, die etwas Außergewöhnliches gewagt und erreicht hat.
Dazu gibt es inspirierende Zitate und Platz für
eigene Notizen.

Sue und Larry Richards

Alle Frauen der Bibel

Ihre Geschichte. Ihre Fragen.
Ihre Nöte. Ihre Stärke
352 Seiten, Taschenbuch
ISBN 978-3-7655-4273-2

Einmalig! In einem Buch wirklich ALLE Frauen der Bibel – und ihre Geschichte. Ihre Fragen. Ihre Nöte. Ihre Stärke. Mit dem Extra „Impuls für heute" zu jeder ausführlich vorgestellten Frau wird die Brücke zum Hier und Jetzt geschlagen: aktuell und bestens geeignet zum Gespräch in der Frauen- oder Gemeindegruppe sowie zum persönlichen Bibellesen.

Hier lese ich endlich, wie Frau-Sein aus biblischer Sicht wirklich gedacht ist! Und Paulus habe ich mit diesem Buch erst wirklich verstanden. J. R., Studentin

Ein Buch über (aber nicht nur für) Frauen, das sich durch seine Vollständigkeit und Übersichtlichkeit auszeichnet. Es ist als begleitende Literatur für das Bibelstudium als Einzelne(r) oder Gruppen wärmstens zu empfehlen.
Anna-Maria Heinemann in JOYCE

Frau-Sein und mit Gott leben – wie kann das heute aussehen? Und wie sah es damals aus, für all die Frauen der Bibel: die mit oder ohne Familie lebten, als Hausfrau, als Führerin eines Volkes, als Mutter oder als Geschäftsfrau? Eins wird deutlich: Gott macht Geschichte – mit Frauen und durch Frauen.
Birgit Winterhoff, Pfarrerin und Leiterin des Amtes für missionarische Dienste (AMD) in Westfalen, Autorin